Hermann Witte

Theorie der Wirtschaftspolitik

Lingener Studien zu Management und Technik

Lingen Studies for Management and Technics

herausgegeben von
edited by

Hermann Witte, Reinhard Rauscher
und/and Michael Ryba

Band/Volume 25

LIT

Hermann Witte

Theorie der Wirtschaftspolitik

Ein Leitfaden für Politiker, Medienmitarbeiter und alle,
die Einfluss auf den Wirtschaftsablauf ausüben

LIT

∞
Gedruckt auf alterungsbeständigem Werkdruckpapier entsprechend
ANSI Z3948 DIN ISO 9706

Bibliografische Information der Deutschen Nationalbibliothek
Die Deutsche Nationalbibliothek verzeichnet diese Publikation in der Deutschen Nationalbibliografie; detaillierte bibliografische Daten sind im Internet über http://dnb.dnb.de abrufbar.

ISBN 978-3-643-15417-0 (br.)
ISBN 978-3-643-35417-4 (PDF)

Verlagskontakt:
Fresnostr. 2 D-48159 Münster
Tel. +49 (0) 2 51-62 03 20
E-Mail: lit@lit-verlag.de https://www.lit-verlag.de

Auslieferung:
Deutschland: LIT Verlag, Fresnostr. 2, D-48159 Münster
Tel. +49 (0) 2 51-620 32 22, E-Mail: vertrieb@lit-verlag.de

Die Königin der sozialökonomischen Teildisziplinen ist … die Theorie.
Aber ihre Krönung ist die Politik, ….

(H.-J. Seraphim: Theorie …, S. 18)

Vorwort

Eine Theorie der Wirtschaftspolitik zu schreiben, ist eventuell nicht „up to date". Seit die früher in Deutschland übliche Dreiteilung der Volkswirtschaftslehre in Wirtschaftstheorie, Wirtschaftspolitik und Finanzwissenschaft (Finanzwirtschaft) durch die angelsächsische Unterteilung in Makro- und Mikroökonomie abgelöst wurde, ist der Begriff Wirtschaftspolitik ins Hintertreffen geraten. Da in der Makro- und Mikroökonomie die Wirtschaftspolitik gegenüber der Wirtschaftstheorie anscheinend deutlich zu kurz kommt, soll der Versuch unternommen werden, eine Theorie der Wirtschaftspolitik zu platzieren.

Einer Theorie der Wirtschaftspolitik kommt Bedeutung zu, da eine praktische Wirtschaftspolitik nicht ohne Theorie optimal agieren kann. Es ist zwar häufig die Meinung aus der Praxis zu hören, alle Theorie sei grau und nicht praxisrelevant. Politik benötige daher keine Theorie. Dieser Meinung ist nicht zu zustimmen. Auch in anderen praxisbezogenen Wissenschaften gibt es Theorien, auf denen Aktivitäten in der Praxis basieren. Ein Beispiel ist die Physik. Ohne eine theoretische Physik wäre die Erkundung des Weltalls mit Hilfe von Teleskopen, Raketen, Satelliten etc. nicht erfolgreich. Raketen und Satelliten wären nicht in ihre Flugbahnen zu bringen.

Um die Leistungsfähigkeit von Theorien einzuschätzen, bedarf es einer Unterscheidung der theoretischen Ansätze. Es gibt erstens Theorien die logisch sind, aber aufgrund mangelhafter Datenqualität nicht widerlegbar und verbesserbar sind. Zweitens gibt es Theorien für die die Datenqualität so gut ist, dass die Theorien widerlegt und verbessert werden können. Drittens können Theorien bei sehr guter Datenbasis nicht widerlegbar und verbesserbar sein, da sie mit hoher Wahrscheinlichkeit die Realität wiederspiegeln und folglich weiter Gültigkeit haben. Bei den Daten ist zu unterscheiden, wie die Daten generiert werden. Es ist zwischen Daten, die mit Hilfe von konstruierten und geeichten Messinstrumenten gewonnen werden und Daten für die es keine konstruierten und geeichten Messinstrumente gibt, zu unterscheiden. In der Ökonomie beruhen viele Daten auf von Menschen (einem nicht eichbaren Messinstrument) abgegebenen Bewertungen. Diese Daten bilden einleuchtender Weise keine gute Basis für das Widerlegen und Verbessern von Theorien.

Die Theorie der Wirtschaftspolitik ist von diesem Problem betroffen. Eine Lösung ist die Möglichkeit, mit simulierten Daten zu arbeiten. Es ist eine quasiempirische Vorgehensweise, die auf händischer und auf maschineller Simulation beruhen kann.

Lingen, im Mai 2023 Hermann Witte

Abbildungsverzeichnis

Tabellenverzeichnis

Abkürzungsverzeichnis

Hrsg. (Hg.)	Herausgeber
hrsg. v.	herausgegeben von
I	Instrument (der staatlichen Wirtschaftspolitik)
StabG (StabWG)	Gesetz zur Förderung der Stabilität und des Wachstums der Wirtschaft
ZEG	Zielerreichungsgrad

Einleitung: Zur Aufgabe der Theorie der Wirtschaftspolitik

Nach Seraphim ist das „Hauptanliegen einer Theorie der Wirtschaftspolitik … eine systematische Untersuchung der Elemente und Faktoren, die wirtschaftspolitisches Handeln bestimmen und ausmachen: Träger, Ziele und Mittel der Wirtschaftspolitik.“[1] Mit dieser Aussage wird der Aufgabenbereich der Theorie der Wirtschaftspolitik umrissen und gleichzeitig die Abgrenzung von der Wirtschaftstheorie vorgenommen. Diese Abgrenzung ist notwendig, da der Begriff Theorie der Wirtschaftspolitik die Frage aufwirft, bedarf es neben der Wirtschaftstheorie noch einer Theorie der Wirtschaftspolitik. Eigentlich sollte man davon ausgehen können, dass die Wirtschaftstheorie die Grundlagen für die Wirtschaftspolitik liefert. Das ist jedoch nicht so. Die Wirtschaftstheorie will gegebene Tatbestände wie Preise, Löhne, die Konjunktur etc. erklären. Die Theorie der Wirtschaftspolitik will hingegen Fakten für das Gestalten von Wirtschaftsabläufen erarbeiten.[2]

Abb. 1: Einordnung der Theorie der Wirtschaftspolitik in die Systematik der Volkswirtschaftslehre

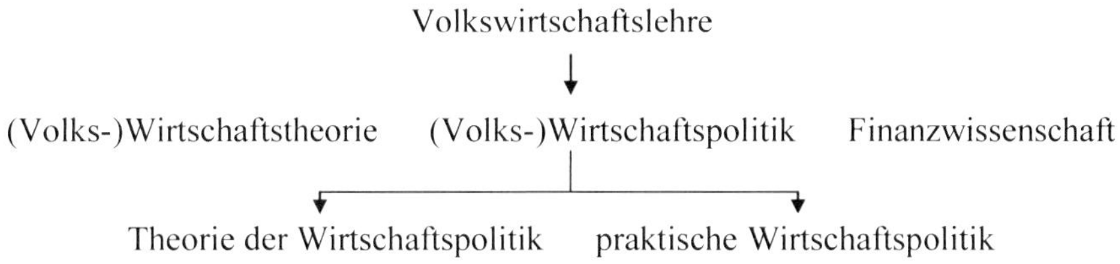

Quelle: eigene Darstellung

Aus dem Anliegen der Theorie der Wirtschaftspolitik ergibt sich konsequenterweise ein zweiter Teilbereich der (Volks-)Wirtschaftspolitik. Dieser Teilbereich kann als praktische Wirtschaftspolitik bezeichnet werden (vgl. Abb. 1). Die praktische (Volks-)Wirtschaftspolitik gestaltet die Wirtschaftsabläufe entsprechen den von der Theorie der (Volks-)Wirtschaftspolitik erarbeiteten Fakten. Bei der Erarbeitung der Fakten für die Gestaltung der Wirtschaftsabläufe greift die Theorie der (Volks-)Wirtschaftspolitik auf die Erkenntnisse der (Volks-) Wirtschaftstheorie zurück. Ohne diese Basis müsste Doppelarbeit betrieben werden. Die Theorie der (Volks-)Wirtschaftspolitik müsste die Tatbestände der Wirtschaft selbst klären. Eine Arbeitsteilung bzw. Aufgabenteilung zwischen (Volks-)Wirtschaftstheorie und (Volks-)Wirtschaftspolitik erscheint allerdings

[1] Seraphim, H.-J.: Theorie der Allgemeinen Volkswirtschaftspolitik, 2. Aufl., Göttingen 1963, S. 11

[2] Vgl. Seraphim, H.-J.: Theorie der Allgemeinen Volkswirtschaftspolitik, S. 15

sinnvoll. Die Effektivität und Effizienz beider Disziplinen dürfte erreicht bzw. gesteigert werden.

Die Theorie der (Volks-)Wirtschaftspolitik und somit auch die Praktische Wirtschaftspolitik kann in Teilbereiche gegliedert werden, die sich aus den von der (Volks-)Wirtschaftstheorie zu erklärenden Tatbeständen ergeben. Die Theorie der Wirtschaftspolitik wird dann in zwei große Bereiche geteilt: die Allgemeine und die Spezielle Theorie der Wirtschaftspolitik. Die Spezielle Theorie der Wirtschaftspolitik wird in verschiedene Teilbereiche untergliedert (vgl. Abb. 2). Diese Aufteilung gilt auch für die Praktische Wirtschaftspolitik. Sie unterteilt sich in die Allgemeine Praktische Wirtschaftspolitik und die Spezielle Praktische Wirtschaftspolitik. Die Spezielle Praktische Wirtschaftspolitik wird dann ebenfalls in Teilbereiche untergliedert, die logischerweise mit den Teilbereichen der Speziellen Theorie der Wirtschaftspolitik übereinstimmen.

Abb. 2: Unterteilung der Speziellen Theorie der Wirtschaftspolitik und der Speziellen Praktischen Wirtschaftspolitik

Teilbereiche der Speziellen Theorie der Wirtschaftspolitik und der Speziellen Praktischen Wirtschaftspolitik

Gliederung nach makro- und mikroökonomischen Tatbeständen

- Beschäftigungspolitik
- Geld- und Währungspolitik
- Konjunkturpolitik
- Verteilungspolitik
- Wachstumspolitik
- Wettbewerbspolitik
- Kooperationspolitik

Gliederung nach sektoralen Aspekten

- Agrarpolitik
- Gewerbepolitik
- Handelspolitik
- Handwerkspolitik
- Heimarbeitspolitik
- Industriepolitik
- Mittelstandspolitik
- Raumordnungspolitik
- Regionalpolitik
- Umweltpolitik
- Verkehrspolitik

Quelle: eigene Darstellung in Anlehnung an Pütz, Th.: Grundlagen ..., S. 1

Die Unterteilung der Speziellen Bereiche der Theorie der Wirtschaftspolitik und der Speziellen Praktischen Wirtschaftspolitik ist in der entsprechenden Literatur keinesfalls einheitlich dargestellt und gilt als nicht abgeschlossen. Auf alle Unterschiede und zeitbezogenen Auflistungen in der Unterteilung kann in diesem Zusammenhang nicht eingegangen werden. Die obige Darstellung kann auch nur ein Hinweis auf eine mögliche Unterteilung sein.

In diesem Rahmen wird nur auf die Allgemeine Theorie der Wirtschaftspolitik eingegangen. Die speziellen Bereiche werden im Allgemeinen in eigenen Werken behandelt.

Teil 1: Träger der Wirtschaftspolitik

Die Definition der Träger der Wirtschaftspolitik ist in der ökonomischen Literatur keinesfalls einheitlich. Häufig werden nur öffentliche Instanzen und Verbände von privaten Interessenvertretern als Träger der Wirtschaftspolitik angesehen.[3] Dieser Abgrenzung wird hier nicht gefolgt. Es wird in diesem Rahmen zwischen Trägern der Theorie der Wirtschaftspolitik und Trägern der Praktischen Wirtschaftspolitik unterschieden.

Als Träger der Wirtschaftspolitik werden alle natürlichen und juristischen Personen einer Volkswirtschaft bezeichnet, die durch ihre Aktivitäten Einfluss auf die Gestaltung und die Durchführung der Wirtschaftspolitik haben. Daher wird zwischen Trägern der Theorie der Wirtschaftspolitik und Trägern der Praktischen Wirtschaftspolitik unterschieden. Man kann sie insgesamt als interne Träger der Wirtschaftspolitik bezeichnen. Auch ausländische natürliche und juristische Personen können Träger der Wirtschaftspolitik einer Volkswirtschaft sein, in der sie nicht leben bzw. angesiedelt sind. Dazu zählen zunächst externe Institutionen, supranationale Vereinigungen, wenn die Volkswirtschaft Mitglied dieser Institution/Vereinigung ist. International aktive Unternehmen können ebenfalls die Wirtschaftspolitik einer anderen Volkswirtschaft beeinflussen. Dies gilt auch für natürliche Personen wie zum Beispiel Wirtschaftswissenschaftler, die international akzeptierte und angewandte Theorien der Wirtschaftspolitik entwickeln. Man kann von diesen Trägern der Wirtschaftspolitik als externe Träger der Wirtschaftspolitik sprechen.

Im Folgenden soll nur kurz auf die Träger der Theorie der Wirtschaftspolitik und interne Träger der Praktischen Wirtschaftspolitik eingegangen werden. Zudem wird auf die Bedeutung der einzelnen Träger hingewiesen.

1. Träger der Theorie der Wirtschaftspolitik

Träger der Theorie der Wirtschaftspolitik ist generell die Wirtschaftswissenschaft und insbesondere die Wirtschaftswissenschaftler, die sich in Forschung und Lehre mit der Theorie der Wirtschaftspolitik auseinandersetzen. Die Träger der Theorie der Wirtschaftspolitik sind in der Regel spezialisiert auf die Theorie der Wirtschaftspolitik für das Wirtschaftssystem (Marktwirtschaft bzw. Planwirtschaft) der Volkswirtschaft in der sie leben. Innerhalb der verschiedenen Gruppen von Trägern der Theorie der Wirtschaftspolitik gibt es durchaus eine internationale Zusammenarbeit. Ein Wirtschaftswissenschaftler, der in einer Volkswirtschaft lebt, kann somit auch zum Träger der Theorie der Wirtschaftspolitik in einer anderen Volkswirtschaft werden.

---

[3] Vgl. Pütz, Th.: Grundlagen der theoretischen Wirtschaftspolitik, 2. Aufl., Stuttgart 1974, S. 199

2. Träger der Praktischen Wirtschaftspolitik

Zu den internen Trägern der Praktischen Wirtschaftspolitik zählen der Staat, die Unternehmen, die Medien, die Verbände und sonstige Institutionen sowie die Bürger. Auf diese Träger wird im Folgenden Bezug genommen.

2.1 Der Staat als primärer Träger der Wirtschaftspolitik

Der primäre Träger der Wirtschaftspolitik ist der Staat mit seinen Institutionen. Die Untergliederung der staatlichen Träger der Wirtschaftspolitik ist abhängig von der Organisationsform des Staates. In vielen Staaten gibt es einen Regierungschef (Kanzler) der die Richtlinien der Politik und damit auch der Wirtschaftspolitik festlegt. Zudem gibt es verschiedene Minister in einer Regierung. Diese Minister gestalten die Fachpolitiken im Rahmen der vom Regierungschef vorgegebenen Richtlinien. Der Wirtschaftsminister ist für die Gestaltung der Wirtschaftspolitik zuständig. Da die Wirtschaftspolitik Überschneidungsbereiche mit den anderen Fachpolitiken hat, muss bzw. sollte sich der Wirtschaftsminister mit seinen Fachkollegen abstimmen. Deutlich wird dieser Abstimmungsbedarf durch die wirtschaftspolitischen Referate (Spiegelreferate) in den anderen Fachministerien.

Dem Wirtschaftsminister stehen für die Beratung und Unterstützung bei der Ausarbeitung eines wirtschaftspolitischen Konzeptes das Wirtschaftsministerium, nachgeordnete Behörden und externe Berater zur Verfügung.

Wenn ein Staat föderal strukturiert ist, existieren nicht nur auf der Bundesebene, sondern auch auf der Länder- und der Gemeindeebene (auf der kommunalen Ebene) entsprechende auf die Wirtschaftspolitik ausgerichtete Institutionen und Personen mit unterschiedlichen Bezeichnungen (z.B. Minister, Senatoren, Ministerien, nachgeordnete Behörden und Berater).

Damit in einem Staat eine einheitliche und erfolgreiche Wirtschaftspolitik durchgesetzt werden kann, bedarf es in einem Staat der Abstimmung der verschiedenen staatlichen Instanzen bzw. Institutionen. Dieser Abstimmungsbedarf ist in einer liberalen, demokratischen, rechtsstaatlichen und föderalen Volkswirtschaft deutlich komplexer als in einer einfach strukturierten, zentralistischen Volkswirtschaft.

2.2 Die Unternehmen als Träger der Wirtschaftspolitik

Der Staat ist als primärer Träger der Praktischen Wirtschaftspolitik zu bezeichnen, weil er die Grundlinien der Praktischen Wirtschaftspolitik festlegt und auch die ersten Aktionen zur Durchsetzung der Grundlinien der Praktischen Wirtschaftspolitik tätigt. Die Unternehmen reagieren auf die Grundlinien und Aktionen des Staates. Zudem versuchen sie als Lobbyisten und/oder über ihre Verbände die Grundlinien und Aktionen des Staates zu beeinflussen. Der Erfolg des Lobbyismus ist nicht nur von den handelnden Personen, sondern auch in einem erheblichen Maß von der Wirtschafts- und Staatsform abhängig. In einem diktatorischen Staat sind die staatstragenden Personen in der Regel kaum oder gar nicht durch Lobbyismus zu beeinflussen.

Die Reaktion der Unternehmen auf staatliche Wirtschaftspolitik kann in zwei Richtungen erfolgen. Die Unternehmen akzeptieren die Grundlinien und Aktionen der vom Staat getragenen Praktischen Wirtschaftspolitik und unterstützen sie durch ihre Reaktionen. Wenn die Unternehmen die staatliche Wirtschaftspolitik nicht akzeptieren, werden sie diese Politik auch nicht unterstützen. Sie können sich in diesem Fall passiv verhalten oder versuchen die staatliche Wirtschaftspolitik zu unterlaufen. Auf jeden Fall wird der Erfolg der staatlichen Wirtschaftspolitik beeinträchtigt.

2.3 Die Medien als Träger der Wirtschaftspolitik

Die Medien verbreiten die Grundlinien und Aktionen der staatlichen Wirtschaftspolitik. Die Medien sind nicht nur wichtig für die Bürger, um sich zu informieren. Sie sind auch für den Staat wichtig, da er dafür Sorge tragen muss, dass die Grundlinien der und die Aktionen seiner Wirtschaftspolitik bei den Bürgern bekannt sind. Der Staat kann nicht jeden Bürger direkt über seine Wirtschaftspolitik informieren. Es besteht ein gegenseitiges Abhängigkeitsverhältnis zwischen Staat und Medien. Die Medien bedürfen der Information durch den Staat, um die Bürger informieren zu können. Der Staat benötigt die Medien zur Bekanntmachung seiner wirtschaftspolitischen Aktivitäten bei den Bürgern.

Die Medien informieren die Bürger in der Regel nicht nur über die Aktivitäten des Staates, sondern kommentieren auch die wirtschaftspolitischen Aktivitäten des Staates. Je nachdem, ob der Kommentar positiv oder negativ ausfällt, wird die staatliche Wirtschaftspolitik vom Bürger angenommen oder nicht. Die Medien können durch ihren Kommentar dazu beitragen, dass die Wirtschaftspolitik des Staates vom Bürger akzeptiert wird oder nicht. Die Medien haben einen relativ großen Einfluss auf die Akzeptanz der staatlichen Wirtschaftspolitik und damit auf ihren Erfolg.

Je nachdem wie die einzelnen Medienvertreter die staatliche Wirtschaftspolitik kommentieren, müssen sie mit Reaktionen der staatlichen Institutionen rechnen. Eventuell müssen sie mit weniger und verzögerten Informationen auskommen oder sie werden bevorzugt und umfangreich informiert. Das gegenseitige Abhängigkeitsverhältnis kann gut oder schlecht ausgelebt werden.

2.4 Die Verbände und sonstigen Institutionen als Träger der Wirtschaftspolitik

Die Verbände und sonstigen Institutionen (wie Kirchen, Gewerkschaften) sind Träger der Wirtschaftspolitik. Sie unterstützen die staatliche Wirtschaftspolitik oder agieren gegen sie, um ihre eigenen Ziele zu verwirklichen. Sie verhelfen der staatlichen Wirtschaftspolitik zum Erfolg oder verhindern bzw. schmälern den Erfolg. Die Verbände und sonstigen Institutionen versuchen aber auch die staatliche Wirtschaftspolitik durch Lobbyarbeit zu gestalten, damit ihre Ziele umgesetzt werden. Die Lobbyarbeit ist unterschiedlich stark ausgeprägt. Die Intensität der Lobbyarbeit hängt einerseits von der Größe des Verbandes bzw. der Institution ab und anderseits ist die Bedeutung der staatlichen Wirtschaftspolitik für die Mitglieder der Verbände bzw. Institutionen für die Intensität der Lobbyarbeit ausschlaggebend.

Die Lobbyarbeit findet im sogenannten vorparlamentarischen Raum statt. Die Vertreter der Verbände und sonstigen Institutionen nehmen Kontakt zu Vertretener des Parlaments, der Parteien, der Regierung und der Ministerien auf, die Gesetze vorbereiten und/oder darüber abstimmen. Diese Vertreter sollen überzeugt werden, im Sinne der Ziele der Verbände und sonstigen Institutionen bei der Vorbereitung der Gesetze und/oder bei der Abstimmung zu handeln. Die Beeinflussung hat ein weites Spektrum an Maßnahmen. Die einfachste Form ist die Überzeugung durch argumentierende Diskussionen. Der nächste Schritt sind kleinere oder größere Geschenke. Ein weiterer Schritt der Intensität der Lobbyarbeit ist die Bezahlung. Sie geht von Einmalzahlungen (für Vorträge etc.), über eine andauernde Bezahlung und Mitgliedschaft im Verband (oder einem Unternehmen, das dem Verband angehört) bzw. der Institution. Es soll auch schon vorgekommen sein, dass die Lobbyarbeit so intensiv betrieben wurde, dass die Verbände die Gesetze selbst formuliert haben und die wissenschaftlichen Berater und Gutachter selbst ausgesucht und bezahlt haben.

Die Lobbyarbeit ist – wenn man alten Aussagen Glauben schenkt – eine demokratische Tradition. In neuster Zeit gerät die Lobbyarbeit mehr und mehr in die Kritik. So werden Abgeordnete der Parlamente inzwischen gedrängt bzw. verpflichtet ihre „Nebeneinnahmen“ offen zu legen. Auch Begrenzungen der „Nebeneinnahmen“ sind möglich.

Eine andere Form des bezahlten Lobbyismus sind Parteispenden. In diesem Fall steht nicht der einzelne Vertreter, sondern die Partei insgesamt, in der der Vertreter Mitglied ist, im Fokus der Kritik. Die Kritik hat zur Verabschiedung gesetzlicher Regelungen für Parteispenden geführt, die nicht immer eingehalten werden und zu juristischen Auseinandersetzungen geführt haben bzw. noch führen.

Als Fazit ist festzuhalten, dass die Lobbyarbeit von Verbänden und Institutionen (aber auch von Einzelpersonen) eine demokratische Tradition hat. Es wird aktuell diskutiert, wie die Lobbyarbeit bzw. die Beeinflussbarkeit der Politik eingeschränkt werden kann.

2.5 Die Bürger als Träger der Wirtschaftspolitik

Der Bürger ist Träger der staatlichen Wirtschaftspolitik, da er die Möglichkeit hat, durch seine wirtschaftlichen Aktivitäten (und die hat fast jeder Bürger) die staatliche Wirtschaftspolitik zu unterstützen oder zu unterlaufen. Allerdings haben sicherlich nicht alle Bürger die Möglichkeit, die staatliche Wirtschaftspolitik durch ihr Handeln zu unterlaufen. Die meisten Bürger sind aufgrund der Sachzwänge (finanzielle Mittel; geringe, an das Notwendige ausgerichtete Nachfrage) an die Unterstützung bzw. Befolgung der staatlichen Wirtschaftspolitik gebunden. Die Bürger, die nicht an die Sachzwänge gebunden sind, haben durchaus die Möglichkeit, die staatliche Wirtschaftspolitik zu unterlaufen.

3. Zur Bedeutung der einzelnen Träger der Wirtschaftspolitik

Die Bedeutung bzw. der Einfluss der einzelnen Träger der Wirtschaftspolitik ist sehr unterschiedlich. Eigentlich sollte der Staat (die Regierung) die größte Bedeutung für die Wirtschaftspolitik haben. Das muss aber nicht zwangsläufig so sein. Ein schwacher Staat bzw. eine schwache Regierung kann durchaus den Lobbyisten mehr Bedeutung zu gestehen als sich selbst.

Die größte Gruppe der Träger der Wirtschaftspolitik wird von den Bürgern gestellt. Obwohl diese Gruppe mengenmäßig die größte ist, dürfte sie im Normalfall am wenigsten Bedeutung für die Wirtschaftspolitik haben. Nur in Ausnahmesituationen (Revolten, Revolutionen) können die Bürger durch ihre Aktionen zu den Hauptträgern der Wirtschaftspolitik werden.

Die Medien nehmen in der Regel keinen Einfluss auf die Gestaltung der Wirtschaftspolitik. Bei der Umsetzung der Wirtschaftspolitik haben sie hingegen großen Einfluss, da sie durch die Verbreitung von Informationen eine Multiplikatorwirkung ausüben bzw. erwirken können. Die Medien können durch ihre Berichte und Kommentare den Erfolg der staatlichen Wirtschaftspolitik fördern oder mindern bzw. eventuell verhindern. Der Einfluss der Medien entscheidet letztendlich auch über den Einfluss der Lobbyisten bei der Umsetzung der staatlichen Wirtschaftspolitik. Hinsichtlich der Lobbyarbeit muss folglich zwischen der Bedeutung bei der Gestaltung der staatlichen Wirtschaftspolitik und bei der Umsetzung unterschieden werden. Den Medien kann durchaus die Möglichkeit zugesprochen werden, den Erfolg der Lobbyisten bei der Gestaltung der staatlichen Wirtschaftspolitik durch den Misserfolg bei der Umsetzung zu mindern bzw. zu verhindern.

Teil 2: Ziele der Wirtschaftspolitik

Ziele sind eine wichtige Voraussetzung für den Erfolg der Wirtschaftspolitik. Ohne Ziele hat die Wirtschaftspolitik keine Orientierung, um Lösungen für die Steuerung des Wirtschaftsablaufs zu finden. Ziele sind Orientierungen, um Lösungen zu entwickeln und durchzusetzen. Ohne Ziele wäre es unmöglich, Lösungen zu finden. Es wäre gleich, welche Lösungswege die Wirtschaftspolitik wählen würde. Ziele sind aber nicht nur Orientierungsgrößen für die Auswahl der Lösung, sie sind auch Messgrößen für den Erfolg der Wirtschaftspolitik.

Im Folgenden wird auf die Findung der Ziele, die Darstellung der Ziele, die Gewichtung der Ziele, die Festlegung der Normwerte für die Ziele und die Erfolgsmessung der Wirtschaftspolitik eingegangen. Dabei wird nur auf die Ziele der staatlichen Wirtschaftspolitik Bezug genommen. Jede Gruppe der oben genannten Träger der Wirtschaftspolitik kann ihre eigenen Ziele haben. Auf diese Ziele soll in diesem Rahmen nicht eingegangen werden.

1. Findung der Ziele

Die Findung der Ziele der Wirtschaftspolitik ist ein Prozess, der prinzipiell auf zwei Wegen stattfinden kann: einmal als „top down approach" und zum anderen als „bottom up approach". Im „top down approach" werden die Ziele von oben, also vom Staat bzw. der Regierung, vorgegeben. Beim „bottom up approach" erfolgt die Zielfindung von unten. Sie beginnt also beim Bürger. Ziele, die vom Staat bzw. der Regierung von oben vorgegeben werden, ohne die Wünsche der Bürger zu berücksichtigen, können in der Regel nicht zu einer erfolgreichen, vom Bürger akzeptierten Wirtschaftspolitik führen. Der Staat bzw. die Regierung müssen damit rechnen, dass die Bürger versuchen, die Maßnahmen der staatlichen Wirtschaftspolitik zu unterlaufen oder sogar dagegen - in unterschiedlichen Formen - protestieren.

Der „bottom up approach" hat den Vorteil, dass die Ziele der Bürger berücksichtigt werden und so der Erfolg der Wirtschaftspolitik gesichert werden kann bzw. Gegenreaktionen der Bürger vermieden werden können. Allerdings zeigt sich beim „bottom up approach" auch die Schwierigkeit, die unterschiedlichen Ziele der oben genannten Träger der Wirtschaftspolitik zu integrieren. Diese Schwierigkeit wird an den vier bzw. fünf Voraussetzungen für Zielkataloge (Zielsysteme, Zielbäume) deutlich. Zielauflistungen sollen (1) widerspruchsfrei sein, (2) relevant sein, (3) vollständig sein und (4) der Zielerreichungsgrad soll messbar sein. Für die Wirtschaftspolitik ist in der Regel noch eine fünfte Voraussetzung von Bedeutung: (5) der Zielerreichungsgrad soll monetär (in Geldeinheiten) messbar sein.

In Abb. 3 ist ein allgemeines Zielsystem dargestellt. Auf der obersten Ebene des Zielsystems steht ein Leit- bzw. Globalziel, das auf den nachfolgenden Ebenen durch weitere untergeordnete Ziele konkretisiert wird. In der Regel gibt es in einem Zielsystem noch Haupt- bzw. Oberziele, die wiederum durch Zwischenziele und Unterziele untergliedert werden.

Abb. 3: Beispiel für ein allgemeines Zielsystem

Leit-/Globalziel

↕

Haupt-/Oberziele

↕

Zwischenziele

↕

Unterziele

Quelle: eigene Darstellung

2. Darstellung der Ziele

Das in Abb. 3 dargestellte allgemeine Zielsystem ist für die staatliche Wirtschaftspolitik in ein spezielles Zielsystem zu überführen. Dabei wird nicht von einem „top down approach" ausgegangen, sondern von einem „bottom appraoch". Es wird bewusst versucht, ein neues Zielsystem für die staatliche Wirtschaftspolitik zu entwickeln. Damit soll nicht geleugnet werden, dass es in der Literatur eine Vielzahl von Zielsystemen für die staatliche Wirtschaftspolitik gibt. Dabei ist zwischen Zielsystemen, die in der Wissenschaft[4] aufgestellt wurden und Zielsystemen, die staatliche Institutionen bzw. die Regierung[5] entwickelt haben, zu unterscheiden.

In diesem Rahmen soll ein spezielles Zielsystem für die staatliche Wirtschaftspolitik entwickelt werden, das von unten – von den Wünschen bzw. Bedürfnissen der Bevölkerung – ausgeht. Da nicht jeder Bürger befragt und seine Wünsche berücksichtigt werden können, muss von einer allgemeinen Erkenntnis hinsichtlich der Wünsche bzw. Bedürfnisse der Bürger ausgegangen werden. Die

---

[4] Vgl. u.a. Pütz, Th.: Grundlagen ..., S. 40, 144; Seraphim, H.-J.: Theorie der Allgemeinen Volkswirtschaftspolitik, u.a. S. 237 – 268; Dahl, R.A./Lindblom, C.E.: Sieben Grundziele der Gesellschaftsordnung, in: Gäfgen, G. (hrsg. v.): Grundlagen der Wirtschaftspolitik, 3. Aufl., Köln, Berlin 1970, S. 211 – 236; Kirschen, E.S. u.a.: Ziele der praktischen Wirtschaftspolitik, in: Gäfgen, G. (hrsg. v.): Grundlagen der Wirtschaftspolitik, 3. Aufl., Köln, Berlin 1970, S. 237 – 259; Tuchtfeldt, E.: Zielprobleme in der modernen Wirtschaftspolitik, Tübingen 1971; Kirsch, G./Wittmann, W. (hrsg. v.): Nationale Ziele und Soziale Indikatoren, Stuttgart 1975; Mackenscheidt, K.: Ein Vergleich wirtschaftspolitischer Zielkataloge, in: Kirsch, G./Wittmann, W. (hrsg. v.): Nationale Ziele und Soziale Indikatoren, Stuttgart 1975, S. 81 – 91

[5] Vgl. die Koalitionsverträge bzw. Regierungserklärungen der verschiedenen Regierungen.

Bedürfnisse der Menschen sind von Maslow[6] in einer Bedürfnispyramide dargestellt worden. Hier soll von dieser Bedürfnispyramide ausgegangen werden, um die Ziele von Menschen bzw. Bürgern unabhängig von einem bestimmten Wirtschaftssystem abzuleiten.

Maslow hat die Bedürfnisse der Menschen in eine Rangordnung, Pyramide bzw. Hierarchie nach der Dringlichkeit der Bedürfnisbefriedung geordnet. Es wird davon ausgegangen, dass Menschen die Bedürfnisse auf einer untergeordneten Ebene erst zu befriedigen versuchen, bevor das Verlangen von Menschen besteht, Bedürfnisse auf einer höheren Ebene zu befriedigen. Maslow unterscheidet physiologische Bedürfnisse (z.B. Hunger), Sicherheitsbedürfnisse (z.B. Schutz und Ordnung), Bedürfnisse nach Zugehörigkeit und Liebe, Bedürfnisse nach Achtung (Selbstachtung und geachtet werden von anderen) und Bedürfnisse nach Selbstverwirklichung (Ausleben von vorhandenen Fähigkeiten und Veranlagungen) (vgl. Abb. 4).

Abb. 4: Darstellung der von Maslow entwickelten Bedürfnispyramide

Bedürfnisse nach Selbstverwirklichung

↑

Bedürfnisse nach Achtung

↑

Bedürfnisse nach Zugehörigkeit und Liebe

↑

Sicherheitsbedürfnisse

↑

physiologische Bedürfnisse

Quelle: Maslow, A.H.: Motivation and Personality, S. 35 - 47

Die von Maslow aufgelisteten Bedürfnisse (needs) werden in der Literatur auch anders benannt. So unterteilt Alderfer die Bedürfnisse in drei Gruppen: (1) existenzielle Bedürfnisse (physiologische Bedürfnisse sowie physische und materielle Sicherheitsbedürfnisse), (2) Beziehungsbedürfnisse (soziale Bedürfnisse und interpersonelle Sicherheitsbedürfnisse) und (3) Wachstumsbedürfnisse (Wertschätzung, Selbstverwirklichung und Wachstum).[7] Die Bedürfnisse werden aber u.a. auch in (1) wirtschaftliche und nichtwirtschaftliche Bedürfnisse,

---

[6] Vgl. Maslow, A.H.: Motivation and Personality, New York 1954, reprint New York 1970, S. 35 - 47; Maslow, A.H.: Motivation und Persönlichkeit, 13. Aufl., Reinbek 2014

[7] Vgl. Alderfer, C.P.: An Empirical Test of a New Theory of Human Needs, in: Organizational Behaviour and Human Performance, Vol. 4 (1969), S. 142 - 175

(2) individuelle Bedürfnisse und (3) kollektive (öffentliche) Bedürfnisse eingeteilt.

Abb. 5: Ableitung eines speziellen Zielsystems auf der Basis der von Maslow entwickelten Bedürfnispyramide

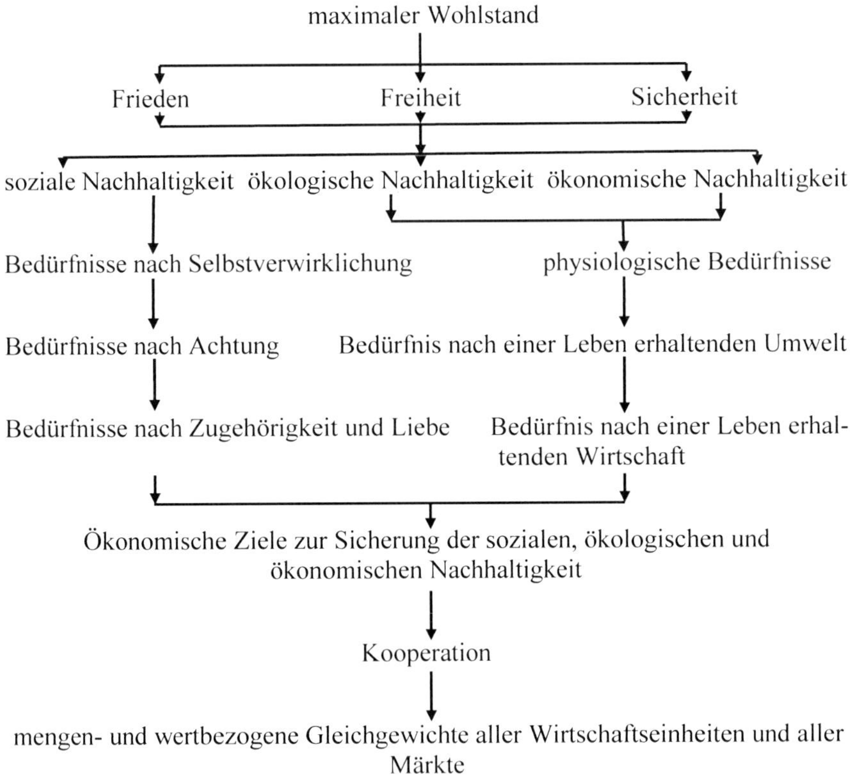

Quelle: eigene Darstellung

Das in Abb. 5 dargestellte Zielsystem für die staatliche Wirtschaftspolitik berücksichtigt einerseits die nach Maslow aufgelisteten Bedürfnisse von Menschen und andererseits die von den Vereinten Nationen propagierte Nachhaltigkeit, zu deren Verwirklichung sich viele Staaten durch die Unterzeichnung der Agenda 21[8] verpflichtet haben.

---

[8] Vgl. Bundesministerium für Umwelt, Naturschutz und Reaktorsicherheit (Hrsg.): Umweltpolitik. Konferenz der Vereinten Nationen für Umwelt und Entwicklung im Juni 1992 in Rio de Janeiro - Dokumente -, Agenda 21, Bonn o.J.

Das Leitbild bzw. das Globalziel des dargestellten Zielsystems ist die Verwirklichung des maximalen Wohlstands (Wohlfahrt) für die Bevölkerung eines Wirtschaftsraums. Dieses Leitbild ist nicht nur in vielen anderen Zielsystemen zu finden, sondern ergibt sich aus den Bedürfnissen der Menschen: Menschen fühlen sich am wohlsten, wenn alle ihre Bedürfnisse maximal erfüllt sind. Um diesen Wohlstand auch genießen bzw. ausleben zu können, müssen drei Haupt- bzw. Oberziele erfüllt sein. Es muss Frieden herrschen, da bei Revolten und Kriegen alle zivilen Güter ihren Wert verlieren,[9] das Ausleben von Wohlstand verhindert wird oder das Wohlstandsniveau ganz, zu mindestens aber teilweise zerstört wird. Die Menschen müssen auch in Freiheit leben, um den Wohlstand ausleben zu können. Ohne Freiheit kann Wohlstand nicht ausgelebt werden. Zudem muss Sicherheit gegeben sein, so dass der Wohlstand in Frieden und Freiheit auch weiterhin besteht und ausgelebt werden kann.

Die Zwischenziele im dargestellten Zielsystem lauten, die Verwirklichung der sozialen, ökologischen und ökonomischen Nachhaltigkeit.[10] Diese drei Zwischenziele haben heute nicht nur aufgrund der Umweltsituation große Bedeutung erlangt und müssen unbedingt in ein Zielsystem für die staatliche Wirtschaftspolitik aufgenommen werden.

Zur Verwirklichung der sozialen Nachhaltigkeit tragen die Erfüllung der von Maslow aufgelisteten drei Bedürfnisse, die Bedürfnisse nach Selbstverwirklichung (Ausleben von vorhandenen Fähigkeiten und Veranlagungen), die Bedürfnisse nach Achtung (Selbstachtung und geachtet werden von anderen) und die Bedürfnisse nach Zugehörigkeit und Liebe, bei. Diese Bedürfnisse bilden die drei Unterziele des Zwischenziels soziale Nachhaltigkeit.

Die Erfüllung physiologischer Bedürfnisse bildet sowohl für das Zwischenziel Verwirklichung der ökologischen, als auch für das Zwischenziel Verwirklichung der ökonomischen Nachhaltigkeit das Unterziel. Es ist zu unterteilen in die Verwirklichung einer Leben erhaltenden Umwelt und die Verwirklichung einer Leben erhaltenden Wirtschaft.

Da sowohl die Verwirklichung der sozialen, der ökologischen als natürlich auch der ökonomischen Nachhaltigkeit, Ziele sind, die von der staatlichen Wirtschaftspolitik zu realisieren sind, werden die drei Zwischenziele und ihre Unterziele im dargestellten Zielsystem wiederum im Unterunterziel Sicherung der sozialen, ökologischen und ökonomischen Nachhaltigkeit zusammengefasst. Um das Unterunterziel zu realisieren sind lediglich zwei Unterunterunterziele zu verwirklichen: (1) die Kooperation und (2) mengen- und wertbezogene Gleichgewichte aller Wirtschaftseinheiten und aller Märkte. Wenn diese beiden letzten aufgelisteten Ziele verwirklicht werden, ergeben sich automatisch viele ökonomisch anzustrebende Tatbestände wie keine Inflation, keine Staatverschuldung,

---

[9] Vgl. Wicksell, K.: Geldzins und Güterpreis, München 2006 (Org. Jena 1898), S. 232

[10] Vgl. Hauff, V. (Hrsg.): Unsere gemeinsame Zukunft. Der Brundtland-Bericht, Greven 1987, S. XI, XV f., XXII, XXIV, 1 f., 9 f., 41 - 45, 46 - 69

keine Subventionen, keine internen (vom Wirtschaftssystem bedingten) Krisen.[11]

Das in Abb. 5 dargestellte Zielsystem für die staatliche Wirtschaftspolitik wurde ausgehend von den Bedürfnissen der Menschen - wie sie Maslow aufgelistet hat – aufgestellt. Es wurde somit in einem „bottom up approach“ abgeleitet. Es ist allgemein für die staatliche Wirtschaftspolitik gültig, da Maslow die Bedürfnisse nicht unter der speziellen Annahme eines Regierungs- oder Wirtschaftssystems aufgestellt hat. Die Ziele wurden zudem an die aktuelle Forderung - u.a. der Vereinten Nationen - die Nachhaltigkeit zu verwirklichen, angepasst.

Das Zielsystem erfordert für seine Erfolgskontrolle keine monetäre Messbarkeit der Ziele. Der Zielerreichungsgrad aller Ziele ist nicht in Geldeinheiten zu messen. Damit entfällt die Problematik in Geldeinheiten gemessene Erfolgsgrade mit nicht in Geldeinheiten gemessenen Erfolgsgrößen zu verrechnen. Zudem bietet das Zielsystem die Möglichkeit, Schwächen bisheriger Wirtschaftspolitik im sozialen Bereich zu identifizieren und Gründe für die Nichtakzeptanz oder Aktionen einiger Bürger gegen die staatliche Wirtschaftspolitik und auch allgemein gegen die Politik zu erklären. Um den Erfolg der Politik bzw. Wirtschaftspolitik zu erhöhen, scheint es angebracht, die Bedürfnisse von Menschen im sozialen Bereich stärker zu berücksichtigen.

3. Gewichtung der Ziele

In der Literatur werden eine Gewichtung der Ziele und entsprechende Methoden zur Auffindung der Gewichtung diskutiert.[12] Eine Gewichtung kommt nur in Frage, wenn alle Ziele nichtmonetär (nicht in Geldeinheiten) erfasst werden können. Bei monetär erfassbaren Zielen ist eine Gewichtung nicht angebracht, da jede Geldeinheit den gleichen Wert, die gleiche Bedeutung, hat. Das oben dargestellte Zielsystem für die staatliche Wirtschaftspolitik umfasst nur nichtmonetär erfassbare Ziele. Es könnte daher eine Gewichtung in Frage kommen.

Die Gewichtung soll die Bedeutung des einzelnen Ziels im Rahmen des Zielsystems widerspiegeln. In der Regel werden Gewichte benutzt, die in der Summe eins (1) oder hundert (100; 100 Prozent) ergeben. Man spricht von normierten Gewichten. Eine Normierung der Gewichte ist mathematisch nicht zwingend. Sie hat aber den Vorteil, dass man die Bedeutung der einzelnen Ziele direkt erkennen kann, da Menschen aufgrund der erlernten Bildung hinsichtlich der Mathematik gewohnt sind, in Prozentwerten zu denken. Bei nicht normierten Gewichten ist die Bedeutung der einzelnen Ziele nicht direkt ersichtlich. Es muss erst eine Normierung vorgenommen, um die Bedeutung der einzelnen Ziele kenntlich zu machen. Nicht normierte Gewichte werden daher gerne benutzt,

[11] Vgl. Witte, H.: Die nachhaltige Marktwirtschaft. Wohlstand ohne *self-made* Krisen? Berlin 2013. S. 143 – 165; Witte, H.: Das Lingener Gleichgewichtsmodell, Berlin 2019, S. 325 - 331

[12] Vgl. u.a. Witte, H.: Gewichtungsmöglichkeiten bei alternativen Entscheidungsregeln in Bewertungsansätzen öffentlicher Investitionen, in: Zeitschrift für Verkehrswissenschaft, 52. Jg. (1981), S. 117 - 126 und dort genannte Literatur.

wenn aus taktischen Erwägungen die Bedeutung der einzelnen Ziele verschleiert werden soll. Man muss sich daher bei nicht normierten Gewichten vor Entscheidungen stets die Zeit für die Umrechnung der Gewichte in normierte Gewichte nehmen.

Besonders aufmerksam muss man vor Entscheidungen sein, wenn die Ziele in Gruppen eingeteilt sind und für die einzelnen Gruppen äußere Gewichte und innerhalb der Gruppen für die einzelnen Ziele innere Gewichte benutzt werden. Das in Gleichung (1) dargestellte Zielsystem veranschaulicht diese Gewichtungsmöglichkeit:

(1) $ZS = gZG_1 \, (gZ_1 \bullet Z_1 + gZ_2 \bullet Z_2) + gZG_2 \, (gZ_3 \bullet Z_3 + gZ_4 \bullet Z_4)$

mit

ZS = Zielsystem
gZG_1 = Gewicht der Zielgruppe 1 (äußeres Gewicht); $gZG_1 + gZG_2 = 1$
gZG_2 = Gewicht der Zielgruppe 2 (äußeres Gewicht); $gZG_1 + gZG_2 = 1$
gZ_1 = Gewicht Ziel 1, etc. 2, 3 und 4 (inneres Gewicht); $gZ_1 + gZ_2 =1$; $gZ_3 + gZ_3 = 1$
Z_1 = Ziel 1, etc. 2, 3 und 4

Bei der in Gleichung (1) dargestellten Gewichtungsmöglichkeit kann die Bedeutung eines Ziels nicht nur durch nicht normierte äußere und innere Gewichte verschleiert werden, sondern zusätzlich noch durch die Möglichkeit für ein Ziel ein hohes inneres Gewicht zu benutzten und für das äußere Gewicht einen niedrigen Wert zu wählen.[13]

Für das in Abb. 5 dargestellte Zielsystem der staatlichen Wirtschaftspolitik ist neben einer Gruppierung der Ziele noch eine Gewichtung vorzunehmen. Alle Gewichte haben gleiche Bedeutung (Gleichgewichtung) für die Erreichung des Leitbildes „maximaler Wohlstand“. Für die Nicht- bzw. Gleichgewichtung der Ziele spricht auch die Erkenntnis, dass eine Gewichtung ab dreiundzwanzig Zielen insensibel wird.[14] Da eine Ungleichgewichtung der Ziele nicht sinnvoll ist, ergibt sich eine Schwierigkeit der staatlichen Wirtschaftspolitik: sie muss die Umsetzung aller Ziele in gleichem Masse und gleichzeitig anstreben. Es ist wie bei einem Jongleur, der seine Wurfinstrumente (Bälle, Ringe, Kegel) alle gleichzeitig im Auge haben muss. Die Vernachlässigung eines Instrumentes führt zum Abbruch seiner Darstellung, zum Misslingen seiner Vorführung. Das ist auch in der Wirtschaftspolitik so; die Vernachlässigung eines Ziels führt dazu, dass das Globalziel „maximaler Wohlstand“ nicht erreicht wird.

---

[13] Vgl. zu einem Beispiel Witte, H.: Die Sicherheit als Bewertungskomponente von Verkehrssystemen, in: Zeitschrift für Verkehrssicherheit, 25. Jg. (1979), S. 6 - 11

[14] Vgl. zu einem Beispiel Witte, H.: Ein alternativer Ansatz zur Verrechnung der Gemeinkosten - Voraussetzung nachhaltiger Unternehmensgleichgewichte, in: Ryba, M. (Hg.): Sustainability Research 2020, Zürich 2021, S. 105 – 122, insbes. S. 113 - 120

Wirtschaftspolitik ist folglich nicht nur aufgrund des von Arrow aufgestellten Unmöglichkeitstheorems,[15] sondern auch auf aufgrund der Gleichbehandlungsbedingung aller Ziele ein sehr schwieriges Unterfangen - vor allem in Demokratien.

4. Festlegung der Normwerte für die Ziele

Für die in Abb. 5 dargestellten Ziele der staatlichen Wirtschaftspolitik sind noch Normwerte, Werte die mindestens zu erreichen sind, festzulegen. Diese Normwerte dienen einerseits für die Akteure als zu erreichende Richtwerte und andererseits als Größen zur Messung des Erfolgs der staatlichen Wirtschaftspolitik. Die ermittelten Erfolgswerte werden als Zielerreichungsgrade bezeichnet. Da alle Ziele des obigen Zielsystems nicht in Geldeinheiten gemessen werden, bietet es sich an, den Erfolg in Prozentwerten zu messen. Die Zielerreichungsgrade liegen dann zwischen null (0) und hundert (100) Prozent. Der Wert null bedeutet, dass das angestrebte Ziel gar nicht erreicht wurde. Der Wert hundert zeigt an, dass das angestrebte Ziel vollständig erreicht wurde. Bei einigen Zielen gibt es nur diese beiden Zielerreichungsgrade. Eine geringe Zielerreichung - etwa 50 Prozent - ist nicht möglich. Entweder wird das Ziel erreicht oder nicht.

Alternativ kann der Zielerreichungsgrad auch zwischen null (0) und eins (1) gemessen werden. Damit wird der Skalierungsbereich der Zielerreichungsgrade zusammengedrückt. Die Einordnung der Zielerreichungsgrade wird dabei nicht in ihrer Aussagekraft eingeschränkt. Diese Skalierung kommt häufig zur Anwendung, wenn eine Abstufung des Zielerreichungsgrades nicht möglich ist. Der Wert null (0) bedeutet keine Zielerreichung und der Wert eins (1) die Zielerreichung. Man spricht dann vom Null-Eins-Verfahren. Ein Verfahren, das u.a. bei Computern angewandt wird. Es wird für die Dateneingabe und -verarbeitung benutzt. Dualzahlen müssen dazu vom Programm in Binärzahlen transformiert werden.

5. Zur Erfolgsmessung der Wirtschaftspolitik

Mit Hilfe der festgelegten Normwerte für die Ziele kann der Erfolg der staatlichen Wirtschaftspolitik ermittelt werden. Dazu sind die Zielerreichungsgrade für alle angeordneten Ziele des obigen Zielsystems festzustellen und zum Zielerreichungsgrad für das Leitbild bzw. den Gesamtwert „Wohlstand" zusammenzufassen. Für die Zusammenfassung der Zielerreichungsgrade gibt es prinzipiell zwei Möglichkeiten. Sie sind in den Gleichungen (2) sowie (3) dargestellt:

(2) $WS = ZEG_1 + \ldots + ZEG_n / 1 \bullet n$ für $0 \leq WS \leq 1$ bzw. $0 \leq WS \leq 100$; $0 \leq ZEG \leq 1$ bzw. $0 \leq ZEG \leq 100$;

(3) $WS = \sqrt[n]{(ZEG_1 \bullet \ldots \bullet ZEG_n)}$ für $0 \leq WS \leq 1$; $0 \leq ZEG \leq 1$; $0 \leq WS \leq 100$; $0 \leq ZEG \leq 100$

[15] Vgl. Arrow, K.J.: A Difficulty in the Concept of Social Welfare, in: The Journal of Political Economy, Vol. 58 (1950), S. 328 – 346, insbes. S. 328 f., 342 ff.

mit

WS = Wohlstand; $0 \leq WS \leq 1$ bzw. $0 \leq WS \leq 100$
ZEG_1 = Zielerreichungsgrad des Ziels 1; $0 \leq ZEG_1 \leq 1$ bzw. $0 \leq ZEG_1 \leq 100$
(etc. bis Ziel n)
n = Anzahl der Ziele

In Gleichung (2) ist die additive Verknüpfung der Zielerreichungsgrade veranschaulicht. Die einzelnen Zielerreichungsgrade (ZEG) werden addiert und durch die Anzahl (n) der Ziele dividiert. Es ergibt sich somit für den Gesamtwert „Wohlstand" ein Wert zwischen null (0) und hundert (100) bzw. zwischen null (0) und eins (1). Die additive Verknüpfung der Zielerreichungsgrade setzt voraus, dass die Ziele bzw. die Zielerreichungsgrade voneinander unabhängig sind. Sie dürfen sich also nicht gegenseitig beeinflussen. Diese oben bei den Voraussetzungen an die Aufstellung von Zielsystemen nicht aufgeführte Bedingung ist in der Praxis nur selten bzw. bei wenigen Zielen gegeben. Dennoch wird die additive Verknüpfung häufig für die Ermittlung eines Gesamtwertes für die Zielerreichung herangezogen. Es wird unterstellt, dass die additive Verknüpfung eine angemessene Approximation der realen Verhältnisse ist. Die additive Verknüpfung hat einen Vorteil bei Daten mit Messfehlern. Die Fehlerhäufung und -fortpflanzung ist geringer als bei der multiplikativen Verknüpfung der Messwerte. Es besteht daher die berechtigte Vermutung, dass bei additiver Verknüpfung der Messwerte der Gesamtwert die Realität besser widerspiegelt als bei multiplikativer Verknüpfung der Messwerte.

Die multiplikative Zusammenfassung der Zielerreichungsgrade ist in Gleichung (3) dargestellt. Die einzelnen Zielerreichungsgrade werden miteinander multipliziert. Gleichung (3) gilt, wenn die Zielerreichungsgrade im Wertebereich bis null (0) und eins (1) gemessen werden. In diesem Fall ist nach der Multiplikation der n Zielerreichungsgrade die n-te Wurzel aus dem ermittelten Wert zu ziehen. Es ergibt sich dann ebenfalls ein gesamter Zielerreichungsgrad bzw. Gesamtwert „Wohlstand" zwischen den Werten null (0) und eins (1) bzw. zwischen null (0) und hundert (100) Prozent.

Die multiplikative Verknüpfung der Zielerreichungsgrade setzt keine Unabhängigkeit der Ziele bzw. Zielerreichungsgrade voraus. Damit wird die Realität in der Regel besser abgebildet als bei additiver Verknüpfung der Zielerreichungsgrade, da in der Praxis Ziele häufig bzw. meist voneinander abhängig sind bzw. sich gegenseitig beeinflussen. Die Realitätsnähe wird allerdings durch einen deutlich aufwendigeren Rechenvorgang erreicht.

Die Wahl der Verknüpfungsmöglichkeit der Zielerreichungsgrade ist folglich eine Abwägung zwischen einem Realitätsverlust aufgrund der mathematischen Verknüpfung der Zielerreichungsgrade und einem Realitätsverlust aufgrund der Fehlerhäufung und -fortpflanzung. Die Wahl ist nicht einfach, da kaum bzw. selten Informationen über die Realitätsverluste vorliegen und die Wahl des geringeren Realitätsverlustes somit zufallsbedingt ist. Es bleibt die vage Hoffnung, dass die beiden Realitätsverluste annähernd gleich groß sind. In der Praxis sprechen meist der geringere Rechenaufwand und die geringere Fehlerhäufung sowie -fortpflanzung[16] für die Anwendung der additiven Verknüpfung der Messwerte.[17]

[16] Vgl. Witte, H.: Aspekte einer dynamischen Nutzwertanalyse unter Fehlerbetrachtung, in: Zeitschrift für die gesamte Staatswissenschaft, Bd. 134 (1978), S. 490 – 502, insbes. S. 495 – 500

[17] Ein Beispiel für die Berechnung der Werte bei additiver und multiplikativer Verknüpfung ist in Anhang 1 dargestellt.

Teil 3: Instrumente der Wirtschaftspolitik

Zur Verwirklichung der gesetzten Ziele benötigt die (staatliche) Wirtschaftspolitik Instrumente (Mittel[18]) und Maßnahmen[19] (Aktivitäten). Ein wirtschaftspolitisches Instrument (Mittel) ist zum Beispiel der Preis; eine Möglichkeit, ein Ansatzhebel, mit dem die (staatliche) Wirtschaftspolitik die Verwirklichung eines bestimmten Ziels anstreben kann. Eine wirtschaftspolitische Maßnahme (Aktivität) ist der direkte Einsatz eines Instruments. Für das hier gewählte Instrument "Preis" ist das eine Preiserhöhung oder eine Preissenkung.

1. Darstellung der Instrumente

Die Instrumente, die der (staatlichen) Wirtschaftspolitik zur Verfügung stehen, werden in der Literatur unterschiedlich klassifiziert. Pütz unterscheidet ordnungs- und ablaufpolitische Instrumente. Ordnungspolitische Instrumente dienen der Gestaltung des Rahmens (der Verfassung) eines Wirtschaftssystems, während ablaufpolitische Instrumente in die im Wirtschaftssystem ablaufenden Prozesse eingreifen, um sie zu gestalten. Die ordnungspolitischen Instrumente unterteilen sich in auf die Produktions-, die Markt-, die Geld- und die Finanzverfassung bezogene Instrumente. Die ablaufpolitischen Instrumente sind nach indirekten und direkten ablaufpolitischen Instrumenten unterteilt. Die indirekten ablaufpolitischen Instrumente sind monetäre und fiskalische Instrumente. Die direkten ablaufpolitischen Instrumente sind der Preis und die Menge.[20]

Auf andere Klassifizierungen der Instrumente der (staatlichen) Wirtschaftspolitik soll in diesem Rahmen nicht weiter eingegangen werden.[21] In Abb. 6 wird eine eigene Zusammenstellung und Einordnung der Instrumente der (staatlichen) Wirtschaftspolitik vorgestellt. Die Klassifizierung der Instrumente ist einerseits an die Klassifizierung von Pütz angelehnt und andererseits um moderne Elemente ergänzt.

Die Realisierung von Frieden, Freiheit und Sicherheit ist vorweggestellt, um die Bedeutung dieser Ziele und die notwendigen Instrumente hervorzuheben. Auf entsprechende Instrumente wird nicht weiter eingegangen, da sie unter den beiden Gruppen ordnungspolitische (juristische) und ablaufpolitische (ökonomische) Instrumente erwähnt werden. Eine doppelte Auflistung der Instrumente erscheint nicht sinnvoll und notwendig (vgl. Abb. 6).

---

[18] Vgl. u.a. Pütz, Th.: Grundlagen ..., S. 78 - 178; Seraphim, H.-J.: Theorie der Allgemeinen Volkswirtschaftspolitik, S. 120, 296 - 318

[19] Vgl. u.a. Pütz, Th.: Grundlagen ..., S. 78; Seraphim, H.-J.: Theorie der Allgemeinen Volkswirtschaftspolitik, S. 321

[20] Vgl. Pütz, Th.: Grundlagen ..., S. 78 - 178

[21] Vgl. u.a. Seraphim, H.-J.: Theorie der Allgemeinen Volkswirtschaftspolitik, S. 296 – 318; Tuchtfeldt, E.: Das Instrumentarium der Wirtschaftspolitik, in: Gäfgen, G. (hrsg. v.): Grundlagen der Wirtschaftspolitik, 3. Aufl., Köln, Berlin 1970, S. 260 – 273; Kirschen, E.S. u.a.: Instrumente der praktischen Wirtschaftspolitik und ihre Träger, in: Gäfgen, G. (hrsg. v.): Grundlagen der Wirtschaftspolitik, 3. Aufl., Köln, Berlin 1970, S. 274 – 306

Abb. 6: Darstellung der Instrumente der (staatlichen) Wirtschaftspolitik

Instrumente (I.) der (staatlichen) Wirtschaftspolitik zur Realisierung des maximalen Wohlstands

I. zur Realisierung von Frieden | I. zur Realisierung von Freiheit | I. zur Realisierung von Sicherheit

ordnungspolitische I. | ablaufpolitische I.

zur Realisierung der

sozialen Nachhaltigkeit | ökologischen Nachhaltigkeit | ökonomischen Nachhaltigkeit

mit Bezug auf die nationale Ebene

zur Schaffung

einer Staatsverfassung
einer Produktionsverfassung
einer Marktverfassung
einer Geldverfassung
einer Finanzverfassung
einer Sozialverfassung
einer Umweltschutzverfassung

mit Bezug auf die internationale Ebene

zur Schaffung

von internationalen Verträgen
einer internationalen Produktionsverfassung
einer internationalen Marktverfassung
einer internationalen Geldverfassung
einer internationalen Finanzverfassung
einer internationalen Sozialverfassung
einer internationalen Umweltschutzverfassung

zur Realisierung von Gleichgewichten

durch

monetäre I. (Preis, Löhne, Zinsen)
quantitätsbezogene I. (Gütermengen)
qualitätsbezogene I. (Güterqualitäten)
fiskalische I. (Steuern, Beiträge, Gebühren, Zölle, Subventionen)

Quelle: eigene Darstellung nach Pütz, Th.: Grundlagen …, S. 78 - 178

Um die Nachhaltigkeit zu verwirklichen, sind alle ordnungspolitischen (juristischen) Instrumente so einzusetzen, dass die entsprechenden Verfassungen bzw. Verträge Gleichgewichte ermöglichen, die durch die ablaufpolitischen (ökonomischen) Instrumente zu realisieren sind.

2. Ziel-Instrument-Sätze

Zum Einsatz der Instrumente der (staatlichen) Wirtschaftspolitik gibt es in der Literatur mehrere Hinweise. Zu erwähnen sind zunächst die Ziel-Instrument-Sätze, die Hinweise zum Verhältnis von Zielen und Instrumenten und damit zur Anzahl der Instrumente geben, die für die Zielerreichung notwendig sind. Zudem ist das Prinzip der Mehrfachsteuerung zu nennen, das ebenfalls Hinweise zum Einsatz der Instrumente gibt. Im Folgenden wird auf die Ziel-Instrument-Sätze von Tinbergen und Mundell sowie auf das von Tinbergen propagierte Prinzip der Mehrfachsteuerung eingegangen.

2.1 Der Ziel-Instrument-Satz von Tinbergen

Der Ziel-Instrument-Satz von Tinbergen[22] fordert, dass die Anzahl der wirtschaftspolitischen Ziele gleich der Anzahl der Instrumente ist. Der Satz von Tinbergen lautet: Die Anzahl der wirtschaftspolitischen Ziele muss gleich der Anzahl der Instrumente sein:

(4) $AZ = AI$

mit

AZ = Anzahl der Ziele
AI = Anzahl der Instrumente

Nach Tinbergen ist ein wirtschaftspolitisches Programm lösbar, wenn der Ziel-Instrument-Satz erfüllt ist. Tinbergen sieht hinsichtlich der der Wirtschaftspolitik zur Verfügung stehenden Ziele und Instrumente drei Möglichkeiten: (1) die Anzahl der Ziele ist gleich der Anzahl der Instrumente, (2) die Anzahl der Ziele ist größer als die Anzahl der Instrumente und (3) die Anzahl der Ziele ist kleiner als die Anzahl der Instrumente. Die erste Möglichkeit bezeichnet Tinbergen als Normalfall. Die zweite Möglichkeit führt nur zu einem lösbaren wirtschaftlichen Programm, wenn die verantwortlichen Institutionen noch weitere Instrumente entwickeln. Die dritte Möglichkeit erfordert zur Lösung des wirtschaftspolitischen Programms, dass die verantwortlichen Institutionen weitere Ziele finden.

Tinbergen geht für die Verwirklichung des maximalen Wohlstands davon aus, dass die Lösung des wirtschaftspolitischen Programms mit Hilfe eines linearen Modells angestrebt wird. Ein lineares Modell basiert auf der Bedingung, dass die Ziele voneinander unabhängig sind, so dass jedes Instrument nur einen Ziel-

---

[22] Vgl. Tinbergen, J.: Wirtschaftspolitik, Freiburg im Breisgau 1968, S. 98 ff.; Witte, H.: Wirtschaftspolitische Ziel-Instrument-Sätze, in: Wirtschaftswissenschaftliches Studium – WiSt – 10. Jg. (1981), Heft 8, S. 389 – 390, hier S. 389

beitrag zu einem Ziel liefert, wie es auch die in Gleichung (2) dargestellt additive Verknüpfung der Zielerreichungsgrade fordert.

Die Annahme eines linearen Modells wird im Allgemeinen als gute Annäherung (Approximation) an reale Situationen angesehen. Die Unabhängigkeitsbedingung dürfte aber die Realität hinsichtlich der Ziele nicht exakt widerspiegeln. Die von Tuchtfeldt beschriebenen Nebenwirkungen der Wirtschaftspolitik[23] deuten auf die Abhängigkeit der wirtschaftspolitischen Ziele hin. Der Abhängigkeit der wirtschaftspolitischen Ziele trägt der Ziel-Instrument-Satz von Mundell Rechnung.

2.2 Der Ziel-Instrument-Satz von Mundell

Der Ziel-Instrument-Satz von Mundell[24] unterstellt keine Gleichheit von Anzahl der Ziele und Anzahl der Instrumente:

(5) $AZ \neq AI$

mit

AZ = Anzahl der Ziele
AI = Anzahl der Instrumente

Der Satz von Mundell besagt, dass die optimale Struktur der wirtschaftspolitischen Instrumente gegeben ist, wenn ihre Zuordnung zu den wirtschaftspolitischen Zielen zur jeweils höchst möglichen partiellen Wirkung beiträgt. Bei der Erfolgsmessung der Instrumente bzw. des Einsatzes der Instrumente mittels konkreter wirtschaftspolitischer Maßnahmen müssen Interaktionen (Wirkungsüberschneidungen) in Betracht gezogen werden. Eine Unabhängigkeit der Ziele ist daher nicht gegeben. Es wird - wie in Gleichung (3) - die Abhängigkeit der Ziele unterstellt.

Die realistischere Abbildung der Zusammenhänge wird nicht nur durch einen höheren Rechenaufwand - wie Gleichung (3) zeigt -, sondern auch durch einen deutlich höheren Forschungsaufwand erkauft. Es müssen (eventuell sehr) viele Wirkungsüberschneidungen bzw. Zielbeziehungen empirisch ermittelt werden:

(6) $ZB = n \bullet n-1$

mit

ZB = Zielbeziehungen
n = Anzahl der Ziele

Es sind bei sechs Zielen 30 Zielbeziehungen zu ermitteln.[25] Ob der höhere Forschungsaufwand (in Zeit und Geld) zu rechtfertigen ist, hängt von der Situation

---

[23] Vgl. Tuchtfeldt, E.: Über unerwünschte Nebenwirkungen wirtschaftspolitischer Maßnahmen, in: Kyklos, Vol. 23 (1970), S. 720 - 735

[24] Vgl. Mundell, R.A.: International Economics, New York, London 1968, S. 239; Witte, H.: Wirtschaftspolitische Ziel-Instrument-Sätze, in: Wirtschaftswissenschaftliches Studium – WiSt – 10. Jg. (1981), Heft 8, S. 389 – 390, hier S. 389

[25] Vgl. zur Berechnung der Anzahl der Zielbeziehungen Anhang 2.

ab. Wenn schnelle Entscheidungen notwendig sind, würde der höhere Zeitaufwand die Entscheidungen verzögern und dadurch eventuell mehr Schaden entstehen als durch die Unterstellung unabhängiger Ziele der Wirtschaftspolitik.

2.3 Das Prinzip der Mehrfachsteuerung

In seinem Werk zur Wirtschaftspolitik propagiert Tinbergen nicht nur den oben erwähnten Ziel-Instrument-Satz, sondern auch ein Prinzip zum Einsatz der Instrumente, das als Prinzip der Mehrfachsteuerung[26] bekannt wurde. Gemäß dem Prinzip der Mehrfachsteuerung sollen in der (staatlichen) Wirtschaftspolitik mehrere Instrumente eingesetzt werden, um ein Ziel zu erreichen. Der Einsatz mehrerer Ziele steigert den Zielerreichungsgrad, da bei mehreren Instrumenten die Wirtschaftseinheiten vom einzelnen Instrument nicht so stark getroffen werden und sich daher weniger mit Umgehungsstrategien befassen. Die Anwendung des Prinzips der Mehrfachsteuerung lässt sich mit den von Tuchtfeldt[27] festgestellten Widerständen der Wirtschaftseinheiten gegen wirtschaftspolitische Maßnahmen begründen.

Tinbergen hat das Prinzip am Beispiel von vom Staat geforderten Steuern erklärt. Wenn der Staat die Wirtschaftseinheiten mit einer Steuer mit hohem Steuersatz belastet, werden die Steuereinnahmen nicht so hoch sein, als wenn der Staat mehrere Steuern mit nicht so hohen Steuersätzen einsetzt. Die Begründung ergibt sich aus der Tatsache, dass eine starke, spürbare Belastung der Wirtschaftseinheiten mit einer Steuer die Widerstände bzw. die Umgehungsmöglichkeiten stärker erwirkt als mehrere weniger spürbare Steuern.

Auch wenn das Prinzip der Mehrfachsteuerung einleuchtend ist, kommt man nicht umhin, festzustellen, dass Tinbergen in sein wirtschaftspolitisches Konzept mit dem von ihm propagierten Prinzip der Mehrfachsteuerung einen Widerspruch zu dem von ihm aufgestellten Ziel-Instrument-Satz einbaut. Der Ziel-Instrument-Satz unterstellt die Unabhängigkeit der Ziele, während das Prinzip der Mehrfachsteuerung nur bei abhängigen Zielen funktionieren kann.

3. Einsatz der Instrumente: Die Maßnahmen der Wirtschaftspolitik

Beim Einsatz der Instrumente der (staatlichen) Wirtschaftspolitik mittels konkreter Maßnahmen ist für die Realisierung des optimalen Zielerreichungsgrades nicht nur das Prinzip der Mehrfachsteuerung von Bedeutung. Es ist auch auf das richtige Maß des Einsatzes der Instrumente bzw. Maßnahmen zu beachten. Man spricht von der Dosierung. Ferner ist der richtige zeitliche Einsatz der Instru-

---

[26] Vgl. Tinbergen, J.: On the Theory of Economic Policy, 2. Aufl., Amsterdam 1963, S. 41 f.; Witte, H.: Das Prinzip der Mehrfachsteuerung, in: Wirtschaftswissenschaftliches Studium – WiSt – 18. Jg. (1989), Heft 8, S. 407

[27] Vgl. Tuchtfeldt, E.: Widerstände gegen wirtschaftspolitische Maßnahmen, in: Jahrbücher für Nationalökonomie und Statistik, Bd. 184 (1970), S. 366 - 380

mente bzw. Maßnahmen vorzunehmen. Man spricht vom „timing". Im Folgenden ist kurz auf die Dosierung und das „timing" einzugehen.

3.1 Dosierung

Die richtige Dosierung des Einsatzes der wirtschaftspolitischen Instrumente bzw. Maßnahmen ist wichtig, damit der gewünschte Erfolg (Wirkung) auch tatsächlich eintritt. Bei der Dosierung ist auf empirische Erkenntnisse aus der Vergangenheit zurückzugreifen. Die wirtschaftswissenschaftliche Forschung hat Kenntnisse zu generieren, in welchem Umfang die Instrumente (Maßnahmen) einzusetzen sind. Weder eine Über- noch eine Untersteuerung durch die (staatliche) Wirtschaftspolitik beim Einsatz ihrer Instrumente (Maßnahmen) führen zum gewünschten Erfolg. Das von Tinbergen benutzte Beispiel einer Steuerung der Wirtschaftspolitik mittels des Einsatzes einer Steuer kann auch hier zur Demonstration helfen. Die Steuer muss genau um einen bestimmten Satz erhöht oder gesenkt werden, um eine gewünschte Wirkung zu erreichen. Ein zu hoher Steuersatz führt zu einer Erhöhung der Staatseinnahmen, die negative Wirkungen auf den Wirtschaftsablauf haben kann. Ein zu niedriger Steuersatz führt nicht zur gewünschten (notwendigen) Erhöhung der Einnahmen des Staates. Beide Wirkungen können nur durch die Wahl des „richtigen" Steuersatzes vermieden werden.

Ob die Dosierung aller einzusetzenden Instrumente (Maßnahmen) durch empirische Forschung belegt ist, bleibt offen. Vermutlich ist noch ein nicht zu unterschätzender Forschungsinput zu leisten.

3.2 Timing

Außer der „richtigen" Dosierung des Einsatzes der Instrumente (Maßnahmen) der Wirtschaftspolitik ist der „richtige" zeitliche Einsatz, das „timing" von Bedeutung. Wie wichtig der „richtige" zeitliche Einsatz ist, hat Friedman am Beispiel der Zinspolitik gezeigt, die erst nach sechs bis vierundzwanzig Monaten wirkt.[28] Man spricht von einem „Lag-Effekt" bzw. einer „Lag-Doctrine".[29] Die Zinspolitik kann daher antizyklisch wirken, da sich die Wirtschaftslage nach der Dauer des „time lags" verändert hat. Die Maßnahme Zinsveränderung bewirkt dann das Gegenteil der gewünschten Wirkung.

In der Ökonomie sind die Arbeiten zur Erforschung der Zeitverzögerung in der Zinspolitik bekannt, also hinsichtlich des Einsatzes des Instruments Zinsveränderung bzw. der Maßnahmen Zinserhöhung und Zinssenkung. Inwieweit empirische Erkenntnisse hinsichtlich der Zeitverzögerungen bei anderen wirtschaftspolitischen Instrumenten vorliegen, muss auch offen bleiben. Vermutlich ist auch diesbezüglich noch ein entsprechender Forschungsinput zu leisten.

---

[28] Vgl. Culbertson, J.M.: Friedman on the Lag in Effect of Money Policy, in: Journal of Political Economy, Vol. 68 (1960), S. 617 – 621

[29] Vgl. Friedman, M.: The Lag in Effect of Money Policy, in: Journal of Political Economy, Vol. 69 (1961), S. 447 - 466

Teil 4: Leitsätze der Wirtschaftspolitik

Für die (staatliche) Wirtschaftspolitik gibt es einige bekannte, aber auch einige weniger bekannte Leitsätze. Die Leitsätze sollten durchaus Beachtung finden. In der Regel kann die Beachtung der Leitsätze zum Erfolg der (staatlichen) Wirtschaftspolitik beitragen bzw. den Erfolg steigern. Im Folgenden ist auf eine Auswahl der Leitsätze näher einzugehen.

1. Prinzipiell keine Eingriffe in den Marktmechanismus

Ein von vielen Ökonomen vertretener Leitsatz ist, dass die (staatliche) Wirtschaftspolitik die Rahmenbedingungen für die Märkte festzulegen hat. Das heißt, die oben als ordnungspolitische (juristische) bezeichneten Ziele sind mit den entsprechenden Instrumenten (s.o.) zu verfolgen. Eingriffe in den Marktmechanismus sollen hingegen (möglichst) vermieden werden. Die staatliche Wirtschaftspolitik sollte die Verwirklichung der ablaufpolitischen (ökonomischen) Ziele und den Einsatz der entsprechenden Instrumente möglichst nicht anstreben, sondern den Wirtschaftseinheiten überlassen bzw. durch die Formulierung entsprechender Rahmenbedingungen vorgeben.

Der Leitsatz ist nicht für alle Ökonomen verständlich, da gerade auf den Einsatz der ökonomischen (ablaufpolitischen) Instrumente verzichtet werden soll. Stattdessen sollen die juristischen (ordnungspolitischen) Instrumente zum Einsatz kommen. Dieser Leitsatz wird von Ökonomen vertreten, die den Wettbewerb als Regulator sehen, der in der Lage ist, das optimale Wirtschaftsergebnis zu erwirken. Das ist aber nur bei vollkommenem Wettbewerb möglich. In der Praxis liegt aber unvollkommener Wettbewerb vor, so dass regulierende Eingriffe in den Marktmechanismus notwendig sein können. Die Vertreter des Leitsatzes, keine Eingriffe in den Marktmechanismus, können allerdings anführen, dass die regulierenden Markteingriffe in der Regel mehr Schaden als Nutzen verursachen. Diese Erkenntnis ergibt sich aus der Schwierigkeit, die regulierenden Markteingriffe exakt zu dosieren und zu timen.

In einem nachhaltigen Wirtschaftssystem mit mengen- und wertbezogenen Gleichgewichten sind regulierende Eingriffe in den Marktmechanismus nicht notwendig. Bis ein nachhaltiges Wirtschaftssystem installiert ist, wird es wohl immer den Streit um die Wirkung regulierender Markteingriffe geben.

2. Gleichzeitige Regulierung von Preis und Menge

Ein weiterer Leitsatz besagt, dass im Fall von regulierenden Eingriffen in den Marktmechanismus die (staatliche) Wirtschaftspolitik gleichzeitig Preise und Mengen regulieren muss. Wenn nur die Preise oder die Menge reguliert werden, haben die Wirtschaftseinheiten die Möglichkeit die Regulierung über das nicht regulierte Instrument zu konterkarieren. Es tritt nicht der gewünschte Zielerreichungsgrad ein. Diese Notwendigkeit, Preis und Menge gleichzeitig zu regulieren, erkennt man an der grafischen Darstellung des Marktgleichgewichts (vgl.

Abb. 7). Ein Marktgleichgewicht ergibt sich im Schnittpunkt von Angebots- und Nachfragekurve. Der Gleichgewichtspunkt bestimmt sich anhand des Gleichgewichtspreises (p*) und der Gleichgewichtsmenge (x*). Nur der Preis oder nur die Menge legen keinen Gleichgewichtspunkt fest.

Angenommen, die (staatliche) Wirtschaftspolitik reguliert für ein Gut X die auf dem Markt anzubietende Menge ohne den Preis zu regulieren (festzulegen). Dann können die Anbieter den Preis des Gutes X aufgrund der Angebotsverknappung über dem Gleichgewichtspreis ansetzen und höhere Gewinne erzielen, als sie bei einem Marktgleichgewicht könnten. Mit diesen höheren Gewinnen sind nicht erwünschte Verteilungseffekte verbunden, da die Nachfrager höhere Preise bezahlen müssen und eventuell daher andere benötigte Güter nicht kaufen können. Das hat Rückwirkungen auf andere Unternehmen, die diese Güter anbieten.

3. Ansatz der Regulierungen auf der kürzeren Marktseite

Die Regulierungen sind nicht nur auf die beiden Parameter Preis und Menge auszurichten, sondern auch auf die beiden Marktseiten Angebot und Nachfrage. Während Preis und Menge gleichzeitig reguliert werden sollen, gilt für die Wahl des Ansatzpunktes der Regulierungen, dass Regulierungen auf der kürzeren Marktseite ansetzen sollen. Zur Auffindung der kürzeren Marktseite ist von der grafischen Darstellung des Marktes auszugehen (vgl. Abb. 7).

Abb. 7: Darstellung eines Marktgleichgewichts ohne Eingriffe der (staatlichen) Wirtschaftspolitik

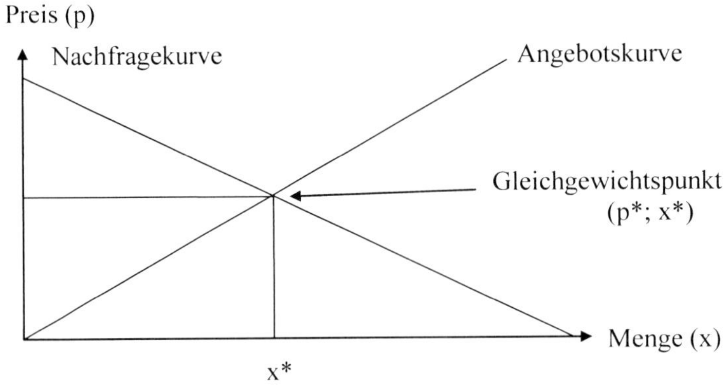

Quelle: eigene Darstellung

In Abb. 7 ist ein Marktgleichgewicht dargestellt, das sich nach der Theorie am Markt bei vollkommenem Wettbewerb ohne Regulierung der (staatlichen) Wirtschaftspolitik einpendelt. Das Marktgleichgewicht liegt im Gleichgewichtspunkt vor, der sich im Schnittpunkt von Angebots- und Nachfragekurve beim Gleichgewichtspreis (p*) und der Gleichgewichtsmenge (x*) ergibt.

In Abb. 8 wurde das Marktgleichgewicht um ein Ungleichgewicht erweitert (Ungleichgewichtspunkt). Die (staatliche) Wirtschaftspolitik hat sich das Ziel gesetzt, die Wirtschaftssituation zu verbessern und ein Marktgleichgewicht herzustellen. Dazu müssen zunächst der Gleichgewichtspreis und die Gleichgewichtsmenge festgesetzt und als Regulierung den Marktteilnehmern zur Anwendung vorgeschrieben werden. Nach der oben genannten Regel müsste die (staatliche) Wirtschaftspolitik jetzt noch die kürzere Marktseite bestimmen, um die Regulierung von Preis und Menge den Anbietern oder Nachfragern vorzuschreiben.

Abb. 8: Darstellung eines Marktungleichgewichts mit einem Eingriff der (staatlichen) Wirtschaftspolitik auf der kürzeren Marktseite

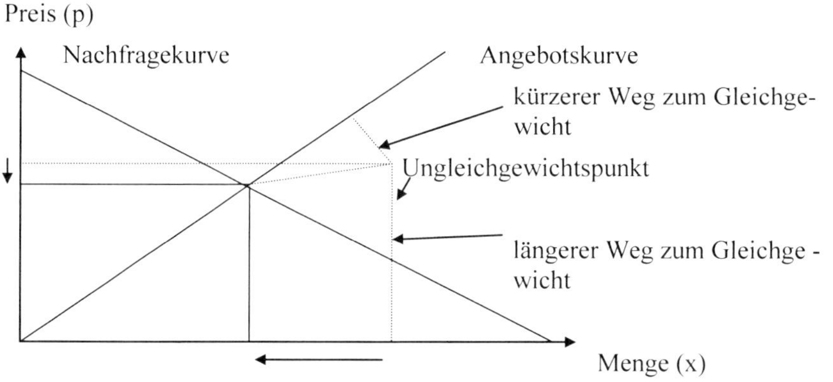

Quelle: eigene Darstellung

Die kürzere Marktseite ist in der in Abb. 8 dargestellten Situation die Angebotsseite, da die Angebotskurve einen kürzeren Abstand zum Ungleichgewichtspunkt hat als die Nachfragekurve. Der (Abstand) Weg vom Ungleichgewichtspunkt zur Angebotskurve ist kürzer als der zur Nachfragekurve.

Der Ansatzpunkt der kürzeren Marktseite wird in der Regel für die Regulierungsmaßnahme Subvention empfohlen. Regulierungen sollen an der kürzeren Marktseite ansetzen. Je nachdem welche Marktseite die kürzere ist, sollen die Subventionen die Nachfrage- oder die Angebotsseite fördern. In der praktischen Wirtschaftspolitik scheint diese Regel nicht allzu große Bedeutung zu haben. Die Subventionspraxis zeigt, dass häufig die Angebots- und auch die Nachfrageseite subventioniert werden. Ein Beispiel ist die Automobilbranche. Die Automobilhersteller werden sehr häufig für die Entwicklung umweltfreundlicherer Autos bzw. Autoteile subventioniert; gleichzeitig erhalten aber auch die Nachfrager Subventionen, damit sie die umweltfreundlicheren Technologien kaufen (Katalysator, E-Mobil).

Die beidseitige Subventionierung widerspricht der Regel an der kürzeren Marktseite anzusetzen. Sie deckt sich allerdings mit dem wirtschaftspolitischen Konzept der gemäßigten Variante der angebotsorientierten Wirtschaftspolitik, die eine Steuerung der Wirtschaft sowohl auf der Angebots- als auch auf der Nachfrageseite, ein Policy-Mix, empfiehlt, statt einer reinen nachfrageorientierten oder angebotsorientierten Wirtschaftspolitik.[30]

4. Subventionen erfordern auch eine Preis- und Mengenregulierung

Aus der Darstellung eines Marktgleichgewichts, das durch einen Gleichgewichtspreis (p*) und eine Gleichgewichtsmenge (x*) festgelegt wird, und der Handlungsanweisung der gemäßigten Variante der angebotsorientierten Wirtschaftspolitik, die die den Wirtschaftsablauf beeinflussenden Maßnahmen auf der Angebots- und auf der Nachfrageseite ansetzt, ergibt sich nicht nur die bekannte Regel, dass eine Preisregulierung eine gleichzeitige Mengenregulierung erfordert (s.o.), sondern auch eine weitere Regel in Bezug auf die Vergabe von staatlichen Subventionen. Die Regel lautet: Subventionen erfordern eine Preis- und Mengenregulierung.

Wenn die Preis- und Mengenregulierung nicht erfolgt, können mit den Subventionen keine Marktgleichgewichte erzielt werden, da sowohl Preise als auch die Menge sich in die falsche, nicht gewünschte Richtung weg vom Gleichgewicht bewegen/einpendeln können.

5. Beachtung der unerwünschten Nebenwirkungen von wirtschaftspolitischen Maßnahmen

Die von Tuchtfeldt[31] propagierten unerwünschten Nebenwirkungen wirtschaftspolitischer Maßnahmen, weisen darauf hin, dass wirtschaftspolitische Maßnahmen nicht nur erwünschte Wirkungen haben, die den gewünschten Zielbeitrag leisten, sondern auch Nebenwirkungen, die unerwünschte Wirkungen haben und keinen gewünschten Zielbeitrag leisten. Diese unerwünschten Nebenwirkungen muss die (staatliche) Wirtschaftspolitik bei der Dosierung und dem Timing ihrer Maßnahmen berücksichtigen, da die Nebenwirkungen den gewünschten Erfolg beeinträchtigen bzw. konterkarieren können.

Ein Beispiel für die unerwünschten Nebenwirkungen zeigt sich an der Maßnahme Preisregulierung, wenn die (staatliche) Wirtschaftspolitik die Preise so reguliert, dass am Markt Güter zu höheren Preisen gehandelt werden. Der Preis wird

[30] Vgl. Sachverständigenrat zur Begutachtung der gesamtwirtschaftlichen Entwicklung (SVR): Zeit zum Investieren, Jahresgutachten 1976/77, Stuttgart, Mainz 1976, S. 127 f.; Sachverständigenrat zur Begutachtung der gesamtwirtschaftlichen Entwicklung (SVR): Mehr Wachstum für mehr Beschäftigung, Jahresgutachten 1977/78, Stuttgart, Mainz 1977, S. 127 f.; Sachverständigenrat zur Begutachtung der gesamtwirtschaftlichen Entwicklung (SVR): Investieren für mehr Beschäftigung, Jahresgutachten 1981/82, Stuttgart, Mainz 1981, S. 133, 157

[31] Vgl. Tuchtfeldt, E.: Über unerwünschte Nebenwirkungen wirtschaftspolitischer Maßnahmen, in: Kyklos, Vol. 23 (1970), S. 720 - 735

auf ein gewünschtes Niveau, das nicht dem Gleichgewicht entspricht, festgelegt. Die unerwünschten Nebenwirkungen ist die negative Wirkung auf die Verteilung, die sich zuungunsten der geringer verdienenden Bevölkerungsschicht verändert.

6. Beachtung der langfristigen Wirkungen von wirtschaftspolitischen Maßnahmen

Die von Friedman aufgestellte Lag-Doctrine gibt Anlass zur Schlussfolgerung, dass sich Wirkungen verschiedener wirtschaftspolitischer Maßnahmen in ihrer Wirkung überschneiden. In Abb. 9 sind drei Wirkungskurven dargestellt. Die dicke gestrichelte Gerade verdeutlicht die Wirkung einer Maßnahme mit einem „time lag". Die Maßnahme wird zum Zeitpunkt t_0 getroffen, die Wirkung setzt aber erst zum Zeitpunkt t_1 ein. Die zweite dickere Gerade stellt die langfristige Wirkung einer Maßnahme dar, die ebenfalls zum Zeitpunkt t_0 durchgeführt wurde. Die dritte dünnere Gerade zeigt die kurzfristige Wirkung einer Maßnahme, die zum Zeitpunkt t_1 von der staatlichen Wirtschaftspolitik zur Steuerung des Wirtschaftsablaufs eingesetzt wurde. In Abb. 9 sind drei Überschneidungspunkte der Wirkungen der drei Maßnahmen eingetragen.

Abb. 9: Überschneidung der kurz- und langfristigen Wirkungen wirtschaftspolitischer Maßnahmen

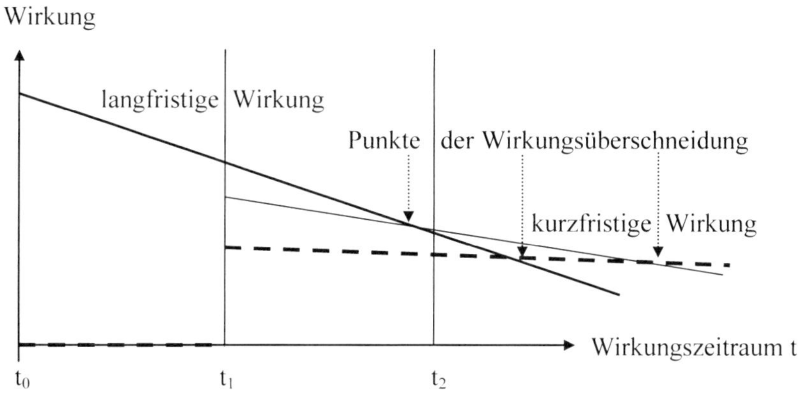

Quelle: eigene Darstellung

Die Wirkungen können fünf verschiedene Ausprägungen haben:[32] (1) Identität, (2) Harmonie, (3) Neutralität, (4) Widersprüchlichkeit und (5) Kontradiktion. Die (staatliche) Wirtschaftspolitik benötigt folglich für eine erfolgreiche Maßnahmendurchführung nicht nur Informationen hinsichtlich der Dosierung und des „timing", sondern auch hinsichtlich der unterschiedlichen Wirkungsmöglichkeiten, ihres zeitlichen Eintritts und ihrer Stärke. Die Komplexität einer er-

[32] Vgl. Anhang 2

folgreichen (staatlichen) Wirtschaftspolitik wird in diesem Zusammenhang deutlich.

7. Beachtung des Gesetzes der abnehmenden Wachstumsraten

In der Ökonomie ist Wachstum eine gängige Forderung. Diese Forderung kann aber nicht dauerhaft aufrechterhalten werden, da in der Natur Wachstum begrenzt ist. Es gilt das Gesetz der abnehmenden Wachstumsrate.[33] Das Gesetz kann an Pflanzen, Tieren und Menschen beobachtet werden. Beim Menschen gilt, dass übermäßiges Wachstum im Prinzip ein krankhaftes Phänomen ist.

Abb. 10: Darstellung eines abnehmenden Wachstums

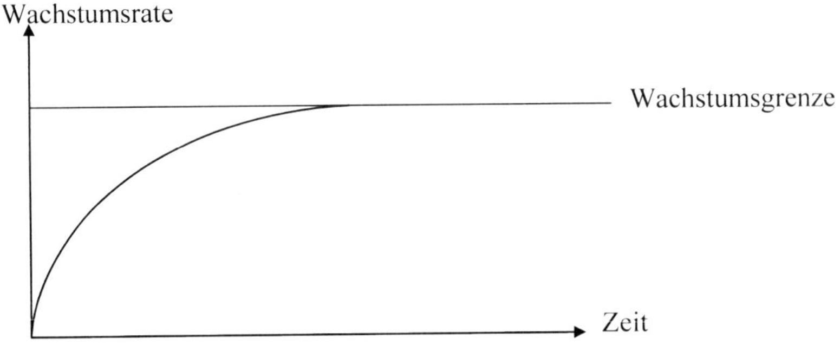

Quelle: eigene Darstellung

Auch in der Ökonomie gilt das Gesetz der abnehmenden Wachstumsrate (vgl. Abb. 10). In einer Wettbewerbswirtschaft mit Gewinnmaximierung endet das Wachstum spätestens, wenn ein Unternehmen die Monopolposition oder ein Staat die ökonomische Weltherrschaft erreicht hat. Realistisch ist aber eine Wachstumsgrenze vor der Monopolsituation aufgrund der Ressourcenknappheit.

Eine Volkswirtschaft sollte eigentlich nicht auf Wettbewerb und Gewinnmaximierung, sondern auf Wohlstandsmaximierung und optimale Versorgung der Bevölkerung ausgerichtet sein. Dies erfolgt in einer nachhaltigen Marktwirtschaft in der es statt Wettbewerb Kooperation gibt und statt Gewinnmaximierung Qualitätsmaximierung. Zudem wird die optimale Versorgung der Bevölkerung geleistet, so dass es kein Wachstum gibt, da die optimale Versorgung kein Wachstum mehr ermöglicht.

8. Beachtung der Ziele der verschiedenen magischen Vielecke

Das Gesetz zur Förderung der Stabilität und des Wachstums der Wirtschaft (StabWG) schreibt der staatlichen Wirtschaftspolitik (bzw. dem Bund und den Ländern) im § 1 des Gesetzes vier Ziele vor. Diese Ziele sind die Preisstabilität, ein hoher Beschäftigungsgrad, ein außenwirtschaftliches Gleichgewicht und ein

[33] Vgl. Witte, H.: Die nachhaltige Marktwirtschaft, S. 82

angemessenes Wachstum. Diese vier Ziele werden als das magische Viereck[34] bezeichnet. Diese vier Ziele wurden seinerzeit (1967[35]) in Wissenschaft und Politik für so bedeutend angesehen, dass sie in einem Gesetz festgeschrieben wurden. Diese Ziele werden auch heute noch als wichtig eingestuft. Man geht mittlerweile aber von der Notwendigkeit der Erweiterung des magischen Vierecks aus. Es existieren für die Erweiterung des magischen Vierecks verschiedene Vorschläge in der Literatur, auf die in diesem Rahmen nicht detailliert eingegangen werden soll.[36] Zunächst wurden die Ziele ausgeglichener Staatshaushalt und Erhaltung bzw. Wiederherstellung einer lebenswerten Umwelt (ökologisches Gleichgewicht) diskutiert. Es wurde der Begriff magisches Fünfeck geprägt.[37] Wenn man allerdings beide Ziele berücksichtigt ist man bereits bei einem magischen Sechseck. Später kam das soziale Ziel der gerechten Einkommens- und Vermögensverteilung hinzu, so dass ein magisches Sechseck entstand. Genau genommen müsste man bereits von einem magischen Siebeneck sprechen. Die Ziele des magischen Fünf-, Sechs- und Siebenecks wurden allerdings nicht mit in das Gesetz zur Förderung der Stabilität und des Wachstums der Wirtschaft aufgenommen. Sie sind in verschiedenen Einzelgesetzen formuliert.

Das magische Sechseck bzw. Siebeneck besteht somit aus drei Komponenten: dem ökonomischen, dem ökologischen und dem Aspekt sozialen. Damit wird eine Annäherung an die drei Komponenten der Nachhaltigkeit (soziale, ökologische und ökonomische Nachhaltigkeit) hergestellt.

Es muss nicht noch herausgestellt werden, dass die genannten Ziele von der (staatlichen) Wirtschaftspolitik zu einhundert (100) Prozent und nicht nur zu 98 Prozent eingehalten werden sollten.

9. Beachtung der Reaktionen auf wirtschaftspolitische Maßnahmen

Es ist ein altes Gesetz, dass jede Aktion eine Reaktion hat.[38] In der Physik spricht man vom Prinzip Actio und Reactio, das auch als drittes Newtonsches Axiom bzw. Gesetz bezeichnet wird. In der Physik gilt, dass die von einem Körper auf einen anderen Körper ausgeübte Kraft gleich der Gegenkraft (Gegenwirkung) ist die von dem anderen Körper auf den ersten Körper ausgeübt wird. Es gilt Kraft gleich Gegenkraft.

---

[34] Vgl. Gesetz zur Förderung der Stabilität und des Wachstums der Wirtschaft (www.gesetze-im-internet.de/stabg/_1.html; abgerufen am 24.01.2023), § 1

[35] Vgl. Gesetz zur Förderung der Stabilität und des Wachstums der Wirtschaft (StabG) vom 8. Juni 1967 (BGBl. I S. 582)

[36] Vgl. u.a. Bofinger, P.: Grundzüge der Volkswirtschaftslehre: Eine Einführung in die Wissenschaft der Märkte, 5. Aufl., München 2020, S. 262 - 279

[37] Vgl. Weber, W.: Aktuelle der österreichischen Finanzpolitik, in: Zeitschrift für Nationalökonomie, Bd. 20 (1960), S. 96 – 173, hier S.97

[38] Vgl. Newton, I.: Philosopiae naturalis principia mathematica, London 1726, S. 14 (https: //cudl.lib.cam.ac.uk/view/PR-ADV-B-00039-00001/50; abgerufen am 24.01.2023)

Diese Erkenntnis, dass eine Aktion eine Reaktion hat, gilt auch für die (staatliche) Wirtschaftspolitik.[39] Die Akteure der Wirtschaftspolitik müssen beim Einsatz der Instrumente der Wirtschaftspolitik bzw. bei der Durchführung der entsprechenden Maßnahmen nicht nur die Wirkungen berücksichtigen, sondern auch die Reaktionen der Gegenseite. Die Gegenseite besteht bei binnenwirtschaftlichen Maßnahmen aus den Wirtschaftseinheiten im eigenen Staat und eventuell auch aus denen in anderen Staaten. Bei außerwirtschaftlichen Maßnahmen gibt es nicht nur Reaktionen der Wirtschaftseinheiten, sondern auch Reaktionen der Akteure der (staatlichen) Wirtschaftspolitik der anderen Staaten.

Es kann allerdings nicht davon ausgegangen werden, dass in der Ökonomie sowie in der Physik eine auf einen Körper ausübte Kraft (Wirkung) gleich groß der Gegenkraft (Gegenwirkung) ist. In der Ökonomie ist zwar auf wirtschaftspolitische Maßnahmen mit einer Gegenwirkung zu rechnen. Wie stark diese ist, bleibt jedoch offen. Messvorschriften liegen nicht vor. Man kann vermutlich nur abgeschwächt formulieren, dass in der Regel auf eine stärkere Wirkung auch eine stärkere Gegenwirkung erfolgen wird als auf eine schwächere Wirkung.[40]

Am Beispiel der Wirtschaftssanktionen eines Staates gegen einen anderen Staat wird deutlich, dass der andere Staat mit Gegensanktionen reagiert. Es sollte daher bei der Auswahl der Wirtschaftssanktionen beachtet werden, welche Gegensanktionen ein anderer Staat treffen kann und wie die Wirkungen dieser Sanktionen auf die eigene Wirtschaft wirken. Es ist daher schwierig, Wirtschaftssanktionen gegen einen Staat zu treffen, wenn dieser ein wichtiger Rohstofflieferant ist und eventuell eine große Abhängigkeit besteht, da die Rohstoffe aus anderen Staaten nicht in der entsprechenden Menge und Qualität sowie zu einem entsprechenden Preis zu beschaffen sind.

Die beiden im Folgenden behandelten Theoreme sind auf bestimmte Reaktionen bezüglich der Maßnahmen der (staatlichen) Wirtschaftspolitik abgestellt.

10. Beachtung des Thomasschen Theorems

Das von dem amerikanischen Soziologen Thomas formulierte Theorem lautet: „Wenn Menschen Situationen als real definieren, sind sie in ihren Konsequenzen real.“[41]

Aus dem Theorem lassen zwei Erkenntnisse ableiten: (1) Menschen schätzen (wirtschaftspolitische) Situationen nicht unbedingt objektiv ein. Menschen in-

---

[39] Vgl. u.a. Tuchtfeldt, E.: Widerstände gegen wirtschaftspolitische Maßnahmen, in: Jahrbücher für Nationalökonomie und Statistik, Bd. 184 (1970), S. 366 - 380

[40] Zu unterschiedlichen Modellen von Aktion und Reaktion vgl. Anhang 3.

[41] Thomas, W.J.: The Relation of Research to the Social Process, in: Thomas, W.J.: On Social Organisation and Social Personality, Selected Papers, Chicago, London 1966, S. 289 – 305, hier 301 (Nachdruck aus: Swann, W.F.G. et al.: Essays on Research in the Social Sciences, Washington, D.C. 1931, S. 173 – 194); vgl. auch Witte, H.: Die wirtschaftspolitische Relevanz des Thomasschen Theorems, in: Wirtschaftswissenschaftliches Studium – WiSt – 11. Jg. (1982), Heft 7, S. 331 – 332, hier S. 331

terpretieren (wirtschaftspolitische) Situationen in Abhängigkeit von der für sie relevanten Bedeutung, d.h. subjektiv. (2) Menschen verhalten sich entsprechend der von ihnen interpretierten subjektiven Situationseinschätzung, so dass die subjektiven Situationseinschätzungen real werden.

Die Aktivitäten der (staatlichen) Wirtschaftspolitik werden von Menschen subjektiv wahrgenommen. Die Menschen richten ihr Verhalten an dieser subjektiven Wahrnehmung aus. Wenn die Wahrnehmung positiv ausfällt, werden die Aktivitäten der (staatlichen) Wirtschaftspolitik unterstützt und die gewünschten Auswirkungen werden real. Fällt die Wahrnehmung negativ aus, werden die Aktivitäten nicht unterstützt. In diesem Fall werden die von der (staatlichen) Wirtschaftspolitik gewünschten Wirkungen nicht real, sondern die von den Menschen subjektiv wahrgenommen Situationseinschätzungen.

Das Fazit ist, wenn die (staatliche) Wirtschaftspolitik mit ihren Aktivitäten den gewünschten Erfolg haben möchte, muss sie die Menschen (Wirtschaftseinheiten) zu einer positiven Wahrnehmung überzeugen.

11. Beachtung des Theorems der „self-fulfilling prophecy"

Unterstützung findet das Thomassche Theorem u.a. bei Merton.[42] Merton spricht von einer „self-fulfilling prophecy". Merton formuliert das Thomassche Theorem im Prinzip klarer und einleuchtender. Die Aussage der „self-fulfilling prophecy" deckt sich mit dem Thomasschen Theorem. Die subjektiven Einschätzungen von (wirtschaftspolitischen) Situationen durch Menschen wirken wie sich selbsterfüllende Prophezeiungen.

Merton erklärt das Phänomen am Beispiel einer an sich solventen Bank, die aufgrund der subjektiven Einschätzungen der Kunden, die Bank sei wirtschaftlich nicht „gesund", in den Ruin getrieben wird. Die subjektive Situationseinschätzung wird somit real.[43]

Für die (staatliche) Wirtschaftspolitik ergibt sowohl aus dem Thomasschen Theorem als auch aus dem von Merton propagierten Theorem der „self-fulfilling prophecy", dass sie nur positive Situationseinschätzungen der wirtschaftlichen Lage verkünden darf. Diese Aussage gilt nicht nur für die staatliche Wirtschaftspolitik, sondern auch für alle, die Einfluss auf die Wirtschaftspolitik haben. Vor allem gilt die Aussage für die Medien, die die Einschätzungen der wirtschaftlichen Situationen verbreiten. Jede Verbreitung negativer Einschätzungen kann die wirtschaftliche Situation verschlechtern oder gar bei Falscheinschätzungen eine positive Situation in eine negative umwandeln.

Als Beispiel sei eine bereits erkennbare leichte Inflation erwähnt. Je mehr bzw. intensiver diese negative Auswirkung der wirtschaftlichen Entwicklung von den wirtschaftspolitischen Akteuren und insbesondere den Medien verbreitet wird,

---

[42] Merton, R.K.: The Self-Fulfilling Prophecy, in: Merton, R.K.: Social Theory and Social Structure, 2nd Printing, Glencoe, Ill. 1951, S. 179 - 195

[43] Vgl. Merton, R.K.: The Self-Fulfilling Prophecy, S. 179 - 195

desto mehr wird die negative Einschätzung bei den Wirtschaftseinheiten verfestigt und umso höher wird die Inflation.

12. Beachtung der inländischen Ressourcen bei wirtschaftspolitischen Maßnahmen

Zur Verwirklichung von Wohlstand benötigt eine Volkswirtschaft Ressourcen. Die Ressourcen sind bekanntlich knapp, da sie in der Regel begrenzt verfügbar und nicht erneuerbar sind. Daher wird seit einiger Zeit das Erschließen von erneuerbaren Ressourcen angestrebt. Leider ist es nicht möglich, für alle Bereiche erneuerbare Ressourcen zu erschließen. Das Problem der knappen Ressourcen wird daher zumindest partiell weiterhin bestehen. Das Problem der knappen Ressourcen besteht weltweit. Es ist aber unterschiedlich auf die einzelnen Staaten verteilt. Es gibt Staaten, die fast alle Ressourcen im Inland zur Verfügung haben und gar keine oder wenige Ressourcen (Rohstoffe) importieren müssen. Andere Staaten haben nur wenige Ressourcen (Rohstoffe) und müssen fast alle Rohstoffe importieren. Damit entsteht ein Abhängigkeitsverhältnis zu anderen Staaten. Die (staatliche) Wirtschaftspolitik sollte bei allen zu treffenden Maßnahmen die inländische Ressourcenverfügbarkeit berücksichtigen und den Aufbau von Abhängigkeitsverhältnissen zu anderen Staaten möglichst vermeiden. Diese Strategie kann in Krisenzeiten erhebliche Vorteile bieten bzw. Nachteile verhindern. Die Umstrukturierung der Volkswirtschaft und ihres Ressourcenverbrauchs kann in Krisen nicht sofort erfolgen. Der Umstrukturierungsprozess braucht Zeit und bringt vorübergehende Engpasssituationen mit sich. Die Konsequenz ist ein vorübergehender Wohlstandsverlust.

Die (staatliche) Wirtschaftspolitik sollte daher sowohl auf vorübergehende als auch auf langfristige Wohlstandsverluste vermeidende Strategien ausgelegt sein.

13. Nationale Interessen haben Vorrang

Die (staatliche) Wirtschaftspolitik einer offenen Volkswirtschaft, die Außenhandel betreibt und in supranationale Organisationen eingebunden ist, teilt sich in zwei Bereiche: die nationale und die internationale Wirtschaftspolitik. Eine häufig praktizierte Strategie ist, über außenpolitische Erfolge auf internationalen Konferenzen Punkte für die Rangfolge im Politbarometer und die Wiederwahl zu sammeln. Diese Strategie lenkt von innenpolitischen Problemen ab, die bisher nicht gelöst wurden. Die Strategie ist aus der Sicht der entsprechenden Politiker durchaus erfolgreich. Aus der Sicht der Bürger ist die Strategie nicht erfolgreich, weil ihre naheliegenden Wünsche nicht erfüllt werden. Es sollte daher die Strategie verfolgt werden, den nationalen Interessen Vorrang einzuräumen, ohne die internationalen Interessen zu vernachlässigen.

14. Beachtung der Bürgerwünsche: Brot und Spiele sind heute nicht mehr ausreichend

Die Beachtung der Bürgerwünsche ist für den Erfolg der (staatlichen) Wirtschaftspolitik von großer Bedeutung. Wenn die Bürgerwünsche nicht beachtet werden, sind die Bürger unzufrieden und können entsprechende Reaktionen ausüben. Um die Bürgerwünsche zu erfüllen, gab es bereits im alten Rom einen Leitspruch: Brot und Spiele. Die Bürger sollten nicht hungern und sie sollten durch Spiele bzw. Schauveranstaltungen bei guter Laune gehalten werden. Der Spruch gilt sicherlich auch heute noch. Doch muss man davon ausgehen, dass die Ansprüche der Bürger in der modernen Gesellschaft anspruchsvoller geworden sind, so dass der alte römische Spruch umfassender bzw. detaillierter ausgelegt werden muss. Es müssen die heutigen Ernährungswünsche und die heuten Spielwünsche, kurz die Wünsche einer modernen Wohlstandsgesellschaft, erfüllt werden.

15. Konstanz und Verlässlichkeit: Keine abrupten Veränderungen

Gesellschaftspolitische Prozesse sind Prozesse, die in der Regel langfristig ablaufen, um Veränderungen zu bewirken. Die „träge Masse“ ist abhängig von der Struktur der Gesellschaft und nicht in allen Wirtschaftssystemen gleich. Die gesellschaftspolitischen Prozesse sind in der Regel Evolutionen und keine Revolutionen. Allerdings gibt es auch einige Beispiele für Revolutionen. So wird u.a. von der „Industriellen Revolution“ und der „Informationsrevolution“ gesprochen. Mit den Begriffen ist gemeint, dass Veränderungen in bestimmten Bereichen der Volkswirtschaft gravierende Veränderungen in der gesamten Gesellschaft bewirkt haben. Aber auch diese Veränderungen zeigen sich in der Regel nicht von heute auf morgen, sondern in einem zeitabwendigen Prozess. Die (staatliche) Wirtschaftspolitik sollte sich dem Entwicklungstempo einer Gesellschaft anpassen und keine Maßnahmen treffen, die zu abrupten (sehr kurzfristigen) Veränderungen führen. Bürger, die keine Anpassungszeit zur Verfügung haben, reagieren im Allgemeinen nicht im Sinne der getroffenen Maßnahmen. Schnelle und starke Veränderungen verwirren und verärgern viele Bürger.

Der Bürger möchte sich auf die (staatliche) Wirtschaftspolitik verlassen können. Gegenläufige Maßnahmen dürfen folglich von der (staatlichen) Wirtschaftspolitik nicht in zu kurzem zeitlichen Abstand und schon gar nicht gleichzeitig erfolgen. Um die Verlässlichkeit der (staatlichen) Wirtschaftspolitik zu erwirken, müssen die Maßnahmen mit den anderen politischen Ressorts koordiniert werden. Es sollen hier nur zwei Beispiele angeführt werden, die nicht nur für Unmut in der Bevölkerung sorgen, sondern auch Wirtschaftseinheiten in die Insolvenz treiben können. Das erste Beispiel stammt aus dem Energiebereich. Die (staatliche) Wirtschaftspolitik sollte in Zusammenarbeit mit dem Umweltressort nicht die Wirtschaftseinheiten zum Wechsel der Art der Energieversorgung anreizen und kurz danach Maßnahmen treffen, die zu einem deutlichen Preisanstieg bei der entsprechenden Energieart führen. Mit dem Erfolg, dass die Wirtschaftseinheiten mit noch nicht amortisierten Antriebsaggregaten höhere Kosten haben, als die Wirtschaftseinheiten, die nicht auf die empfohlene Energieart umgestellt haben und mit (zum Teil) amortisierten Antriebsaggregaten und niedrigeren Betriebskosten den anderen Wirtschaftseinheiten im Wettbewerb überlegen sind.

Das zweite Beispiel stammt aus dem Ernährungsbereich. Wenn die (staatliche) Wirtschaftspolitik durch Maßnahmen im Energiebereich eine Inflation auslöst, sollten nicht auch gleichzeitig vom Landwirtschaftsressort höhere Preise für Nahrungsmittel durch die Erhöhung der Erzeugerpreise bewirkt werden. Logischerweise wird die bereits eingetretene Inflation noch verstärkt und weniger kontrollierbar. Die Kombination der Wirkungen von politischen Maßnahmen unterschiedlicher Ressorts kann durch Kooperation und zeitliche Abstimmung der Maßnahmen verhindert werden.

16. Rechtzeitige und umfassende Information der Bürger

Die (staatliche) Wirtschaftspolitik sollte die Bürger über geplante Maßnahmen rechtzeitig und umfassend informieren. Für die Benennung der Maßnahmen sollten zudem keine irreführenden Begriffe benutzt werden, sondern Begriffe im eigentlichen Sinne verwendet werden, die die Bürger verstehen und nicht anders interpretieren. Die Bürger müssen ihre Wirtschaftspläne an die (staatliche) Wirtschaftspolitik anpassen. Dazu benötigen sie Zeit und die richtigen Informationen. Wird keine Anpassungszeit gewährt und liegen keine entsprechenden Informationen vor, können die Anpassungen nicht richtig erfolgen. Der Wirtschaftsplan der Bürger und die Maßnahmen der (staatlichen) Wirtschaftspolitik können nicht den gewünschten Erfolg haben. Die Bürger verlieren das Vertrauen in die (staatliche) Wirtschaftspolitik. Viele Bürger sind verärgert und reagieren entsprechend. Politik- und Wahlverdrossenheit sind weiche Reaktionen. Es gibt auch Bürger, die zu harten Reaktionen neigen. Diese Reaktionen müssen hier nicht genannt werden. Über sie wird (beinahe täglich) in den Medien berichtet.

Es soll allerdings auf zwei Beispiele für nicht korrekt benutzte Begriffe Bezug genommen, da Irritierungen beim Bürger durchaus möglich sind. So wird der Begriff nachhaltig bzw. Nachhaltigkeit viel und in unterschiedlichen Zusammenhängen benutzt.[44] Oft wird der Begriff einfach nur für langfristig bzw. dauerhaft benutzt. Häufig wird der Begriff aber auch im Zusammenhang mit Umweltschutzmaßnahmen verwendet. Der Bezug zu dem von den Vereinten Nationen propagierten weltweiten nachhaltigen Entwicklungsprozess, der auf die soziale, die ökologische und die ökonomische Nachhaltigkeit auslegt ist, wird in der Regel nicht hergestellt.[45] Eigentlich sollte der Begriff nachhaltig bzw. Nach-

---

[44] Vgl. Witte, H.: Was ist Nachhaltigkeit? In: Ryba, M. (Hg): SeniorenCampus I, Berlin 2018, S. 31 – 54, hier S. 32 - 34

[45] Vgl. Hauff, V. (Hrsg.): Unsere gemeinsame Zukunft. Der Bundtland-Bericht, Greven 1987, S. XI, XV f., XXII, XXIV, 1 f., 9 f., 41 – 45, 46 - 69; Bundesministerium für Umwelt, Naturschutz und Reaktorsicherheit (Hrsg.): Umweltpolitik. Konferenz der Vereinten Nationen für Umwelt und Entwicklung im Juni 1992 in Rio de Janeiro – Dokumente -, Agenda 21, Bonn o.J.

haltigkeit nur mit Bezug auf die Definition der Vereinten Nationen benutzt werden. Sie haben den Begriff in die Diskussion gebracht. Eine Benutzung des Begriffs in einem anderen Bezug führt nicht zur Erfüllung des von den Vereinten Nationen verfolgten Ziels, sondern zu seiner Verwässerung und behindert bzw. verhindert die Zielerreichung. Der zweite Begriff auf den hier kurz Bezug genommen werden soll, ist der Begriff Sondervermögen. Da dieser Begriff nicht für Vermögen, sondern für Verschuldung benutzt wird, fühlen sich viele Bürger getäuscht und verärgert. Sie verlieren das Vertrauen nicht nur in die (staatliche) Wirtschaftspolitik, sondern vermutlich in die Politik allgemein.

17. Keine Subventionen, keine Staatsverschuldung und kein „Sondervermögen“: Ein Juliusturm ist besser

Die (staatliche) Wirtschaftspolitik sollte drei Dinge grundsätzliche vermeiden: Subventionen, Staatsverschuldung und „Sondervermögen“. Subventionen für einige Wirtschaftseinheiten führen nur zu Verzerrungen im Wettbewerb und Benachteiligungen der Wirtschaftseinheiten, die keine Subventionen erhalten. Sie können zu dem zu höheren Preisen und unwirtschaftlichem Verhalten der Wirtschaftseinheiten führen. Subventionen rufen drei Effekte hervor: (1) den Nachahmungseffekt, (2) den Gewöhnungseffekt und (3) den Insolvenzeffekt. Der Nachahmungseffekt führt dazu, dass andere als die subventionierten Wirtschaftseinheiten auch vom Staat Subventionen fordern. Das führt zu einer Subventionswirtschaft. Eine Privatwirtschaft wird transformiert. Der Gewöhnungseffekt tritt bei subventionierten Wirtschaftseinheiten auf. Sie können ohne Subventionen nicht am Markt bestehen. Da Subventionen in der Regel nur für die Erleichterung eines Anpassungsprozesses vorgesehen sind, gehen die Wirtschaftseinheiten nach dem Abbau der Subventionen in Insolvenz (entsprechende Beispiele sind aus der Windenergiewirtschaft und der Solarwirtschaft bekannt).

In der Regel werden drei Argumente für die Staatsverschuldung angeführt: (1) ein Staat kann nicht insolvent werden, weil er immer kreditwürdig ist, (2) Investitionen für die Zukunft sind notwendig und wichtig sowie (3) ein konstantes Verhältnis zwischen Staatsverschuldung und volkswirtschaftlicher Leistung ist ungefährlich. Alle drei Argumente überzeugen einen Kritiker nicht. Die Insolvenz von Staaten ist zwar bisher immer abgewendet worden, weil nationale und internationale Kreditinstitute bzw. Organisationen Lösungen gefunden haben. Diese Lösungen belasten stets die Bürger eines Staates. Alle Bürger müssen für die Staatsverschuldung aufkommen, während nur einige davon (z.B. über Subventionen) profitiert haben. Die Bürger müssen höhere Steuern bezahlen und/oder auf (soziale) Leistungen des Staates verzichten. Zudem wird die Wirtschaftspolitik und allgemein die Politik des betreffenden Staates von den nationalen und internationalen Kreditinstituten und -organisationen beeinflusst. Ein Staat, der einen Juliusturm[46] aufbaut, spricht Staatsvermögen ansammelt, ist ge-

[46] Vgl. u.a. Korner, E./William, P.: Der „Juliusturm“ im Lichte der Einkommensgleichung, in: Schmoller Jahrbuch für Gesetzgebung, Verwaltung und Volkswirtschaft, Bd. 78 (1958), Heft

nau wie eine private Wirtschaftseinheit für Krisenzeiten besser aufgestellt. Ein Juliusturm verhindert die Transformation einer Privatwirtschaft in eine Staatswirtschaft.

18. Keine Diskriminierungen

Die (staatliche) Wirtschaftspolitik sollte bei allen Maßnahmen überprüfen, ob die Maßnahmen bestimmte Personen (-kreise) benachteiligen bzw. diskriminieren. Offensichtliche Diskriminierungen, also von Personen im Fokus der Allgemeinheit, fallen in der Regel bei der Formulierung der Maßnahmen bzw. der formalen Festlegung der entsprechenden Regelungen auf. Ein Problem sind hingegen Diskriminierungen von Personen, die nicht im Fokus der Allgemeinheit stehen. Diese Personen können von Maßnahmen der (staatlichen) Wirtschaftspolitik diskriminiert werden, da nicht an sie gedacht wird und sie sich weder vor noch nach der Durchführung der Maßnahmen artikulieren. Sie wissen, dass sie am Rande der öffentlichen Diskussion stehen und geben ihren Beschwerden daher auch keine Chance auf Gehör.

Die Diskriminierung dieser Personen am Rande der öffentlichen Diskussion sollte die (staatliche) Wirtschaftspolitik vermeiden, da über die Jahre ein Potential an Ablehnung der (staatlichen) Wirtschaftspolitik entsteht, dass von Kontrahenten des Staates bzw. der (staatlichen) Wirtschaftspolitik genutzt werden kann. Es entsteht dann ein Problemfeld, dass nur schwer und mit sehr viel Mühe wieder abgebaut werden kann, wenn das überhaupt möglich ist. Es kann auch ein dauerhaftes Problemfeld entstehen.

19. Keine Ausrichtung der wirtschaftspolitischen Maßnahmen an Mittel- und Prozentwerten

Menschen versuchen gerne die Komplexität vieler Sachverhalte durch die Orientierung an Mittel- und Prozentwerten zu vereinfachen. Davon ist auch die (staatliche) Wirtschaftspolitik nicht ausgenommen. Maßnahmen der (staatlichen) Wirtschaftspolitik werden häufig an Mittel- und Prozentwerten ausgerichtet. Dabei wird übersehen, dass Mittel- und Prozentwerte nur in ganz bestimmten Fällen Aussagekraft haben. Mittelwerte sind in der Regel verzerrt. Nur wenn es keine Abweichungen bzw. Schwankungen der einzelnen Werte vom Mittelwert gibt, liegen keine Verzerrungen vor und der Mittelwert ist aussagekräftig. Je höher die Abweichungen bzw. Schwankungen der einzelnen Werte vom Mittelwert sind, desto größer sind die Verzerrungen.[47] Diese Verzerrungen führen bei Maßnahmen, die die (staatliche) Wirtschaftspolitik an Mittelwerten orientiert, zu sozialer Ungerechtigkeit und Diskriminierungen.

1, S. 1 - 49; Arnold, G.: Der Kriegsschatz im Juliusturm, in: Die Friedens-Warte, Vol. 13 (1911), S. 141 142; Friedmann, R.: Der Goldschatz im Juliusturm, in: Die Friedens-Warte, Vol. 19 (1917), S. 145 - 146

[47] Vgl. zu einem Beispiel für die Verzerrungen Anhang 4.

Prozentwerte sind Werte, die auf einer Skala zwischen null und hundert angeordnet sind. Prozentwerte werden durch Division zweier Zahlen (Werte) ermittelt. Die eine Zahl variiert über mehrere Anwendungsfälle, während die andere Zahl (Basiswert, Bezugswert) konstant ist. Aus dieser Tatsache ergibt sich die Schlussfolgerung, dass man nur zwei Prozentwerte aussagekräftig miteinander vergleichen kann, sie auf den gleichen Basiswert bezogen sind. Diese Schlussfolgerung wird nicht immer beachtet. So lassen sich zum Beispiel die Wachstumsraten (Prozentwerte) zweier Staaten nur vergleichen, wenn die Basiswerte gleich sind. Diese Gleichheit ist vermutlich nicht gegeben, da Staaten sehr unterschiedliche Werte hinsichtlich Fläche, Bevölkerung, Industriepotential, Bruttosozialprodukt und Bruttoinlandsprodukt etc. haben. Der Vergleich zweier Staaten anhand von Prozentwerten ist daher relativ komplex, da für den Vergleich gleiche Basiswerte hergestellt werden müssen.[48] Dieses Vorgehen ist Vergleichbar mit dem gleichnamig Machen von Brüchen. Das Vorgehen ist allerdings deutlich aufwendiger als Brüche gleichnamig zu machen. Aber ohne dieses Vorgehen haben Vergleiche von Prozentwerten verschiedener Staaten keine Aussagekraft bzw. führen zu Maßnahmen der (staatlichen) Wirtschaftspolitik, die den gewünschten Erfolg nicht bewirken bzw. zu unerwünschten Wirkungen führen.

20. Kein Vertrauen auf eine ständig lineare Fortschreibung der Wirtschaftsentwicklung

Die (staatliche) Wirtschaftspolitik trifft ihre Maßnahmen, um die zukünftige Struktur einer Volkswirtschaft in eine gewünschte Richtung zu beeinflussen. Dazu wird die zukünftige Struktur auf der Basis der Werte aus der Vergangenheit berechnet, um Informationen für die Richtung und die Notwendigkeit der zu treffenden Maßnahmen, ihre Dosierung und ihr Timing zu bekommen. Für die Fortschreibung der Daten aus der Vergangenheit für die Zukunft wird in der Regel unterstellt, dass die alten Strukturzusammenhänge erhalten bleiben. Sie werden linear fortgeschrieben. Dieses Vorgehen kann durchaus erfolgreich sein. Es sollte jedoch immer geprüft werden, ob nicht Strukturbrüche aufgetreten sind bzw. noch auftreten. Eventuell können die Strukturbrüche als Folge von Maßnahmen der (staatlichen) Wirtschaftspolitik in der Vergangenheit ausgelöst worden sein. Auslösendes Moment können aber auch externe Krisen sein.

Diese Strukturbrüche müssen erkannt und bei der Fortschreibung der Daten aus der Vergangenheit in die Zukunft berücksichtigt werden. Anderenfalls können die Maßnahmen der (staatlichen) Wirtschaftspolitik nicht den angestrebten Erfolg bewirken.

[48] Vgl. zur Aussagekraft des Vergleichs von Prozentwerten Anhang 5.

21. Bestmögliche Annäherung der (staatlichen) Wirtschaftspolitik an das in der Natur verwirklichte Fließprinzip

Die Ökonomie ist zwar keine Naturwissenschaft, dennoch kann es für die Realisierung einer effektiven und effizienten Wirtschaft von Vorteil sein, sich Erkenntnisse aus den Naturwissenschaften und Tatbestände aus der Natur zum Vorbild für die Gestaltung einer Volkswirtschaft zu machen. Mit dem Ziel, Gleichgewichte zu verwirklichen, hat sich die Ökonomie bereits eine Erkenntnis aus den Naturwissenschaften und der Natur zum Vorbild genommen. Ein Teilbereich der Ökonomie, die Logistik, hat sich einen anderen Tatbestand der Natur zum Leitbild gemacht. Dieses Leitbild wird bisher aber nur in der Logistik und nicht in der gesamten Ökonomie herangezogen. Die erzielbaren Vorteile sprechen allerdings dafür, dieses Leitbild für die gesamte Ökonomie zu benutzten. Das Leitbild ist die Orientierung am Fließprinzip. Das Fließprinzip vermeidet Zeitverzögerungen durch Lagerung und Staus im Ablauf der Prozesse. Alle Wiederstände, die den freien Fluss der Prozesse (Materialströme) behindern, werden vermieden bzw. abgebaut. Die durch den Zeitverlust entstehenden Kosten werden minimiert. Das Fließprinzip ist in einer Volkswirtschaft zwar nicht in reiner Form wie in der Natur zu verwirklichen. Die Logistik strebt die bestmögliche Annäherung an das Fließprinzip an.[49] Die Vorteile der auf dem Fließprinzip beruhenden Logistik haben sich ausgehend von der japanischen Automobilindustrie mittlerweile weltweit gezeigt.

Durch die Anwendung des Fließprinzips in der gesamten Wirtschaft könnte die Effektivität und die Effizient einer Volkswirtschaft deutlich gesteigert und mehr Wohlstand erzeugt werden. Alle Maßnahmen der (staatlichen) Wirtschaftspolitik, die das Fließprinzip nicht berücksichtigen bzw. Fließwiderstände aufbauen führen hingegen zu Kostensteigerungen. Die Folge sind Effektivitäts-, Effizienz- und Wohlstandsverluste.

Eine weitere Steigerung der Effektivität, der Effizienz und des Wohlstands ist möglich, wenn die (staatliche) Wirtschaftspolitik nicht nur die Berücksichtigung des Fließprinzips in der gesamten Volkswirtschaft durchsetzt, sondern auch alle in der Natur ablaufenden Prozesse und ihre Auswirkungen bei der Analyse der Wirkungen der sich in einer Volkswirtschaft abspielenden Prozesse berücksichtigt. So können Beeinträchtigungen der Naturprozesse und die entstehenden negativen Reaktionen (Umweltschäden, Klimawandel) auf die Volkswirtschaft bzw. die Menschheit vermieden werden. Effektivitäts-, Effizienz- und Wohlstandsverluste, die aus den negativen Reaktionen erwachsen, werden vermieden.

---

[49] Vgl. Wildemann, H.: Das Just-in-Time Konzept. Produktion und Zulieferung auf Abruf, 3. Aufl., St. Gallen 1992 (1987[1]), S. 20, 25, 112

22. Beachtung der Wirkungen von Maßnahmen der (staatlichen) Wirtschaftspolitik entlang der gesamten Wertschöpfungskette

Das Ziel der Logistik ist es, nicht nur ein Unternehmen zu optimieren, sondern die gesamte Logistikkette. Der Materialfluss- und der Informationsfluss sind von der Quelle (Rohstoffgewinnung) bis zur Senke (Entsorgung) zu optimieren. Alle Unternehmen in der Logistikkette, traditionell als Wertschöpfungskette bezeichnet, sind zu optimieren. Dabei ist darauf zu achten, dass nicht ein Unternehmen Rationalisierungsmaßnahmen trifft, die bei anderen Unternehmen in der Logistikkette zu höheren Kosten führen. Ein Rationalisierungseffekt der gesamten Logistikkette würde eventuell nicht erreicht.

Dieses Konzept aus der Logistik ist auch in der (staatlichen) Wirtschaftspolitik anzuwenden. Alle Maßnahmen der (staatlichen) Wirtschaftspolitik sind vor ihrer Durchführung auf die Wirkungen in der gesamten Wertschöpfungskette zu überprüfen. Maßnahmen, die z.B. bei einem Produktionsunternehmen ansetzen, um die Volkswirtschaft effektiver und effizienter sowie umweltfreundlicher zu machen, erzielen nicht unbedingt den gewünschten Effekt, wenn z.B. die Rohstoffgewinnung oder die Entsorgung durch die Maßnahme teurer und/oder umweltschädigender wird.

Eine Volkswirtschaft kann nur effektiver, effizienter und umweltfreundlicher gestaltet werden, wenn die (staatliche) Wirtschaftspolitik alle Auswirkungen ihrer Maßnahmen in der Wertschöpfungskette berücksichtigt. Die isolierte Betrachtung der Wirkungen von wirtschaftspolitischen Maßnahmen, nur bei einer Wirtschaftseinheit, kann keine ausreichende Basis für eine erfolgreiche (staatliche) Wirtschaftspolitik sein.

23. Berücksichtigung der Wirkungen wirtschaftspolitischer Maßnahmen auf alle Märkte

Für eine effektive und effiziente staatliche Wirtschaftspolitik ist es nicht ausreichend, die Auswirkungen der geplanten Maßnahmen entlang der gesamten Wertschöpfungs- bzw. Logistikkette zu beachten. Es müssen auch die Auswirkungen auf alle drei Teilmärkte, den Güter-, den Arbeits- und den Geldmarkt, und den Gesamtmarkt berücksichtigt werden. Alle Märkte müssen in ein mengen- und wertbezogenes Gleichgewicht gebracht werden. Der Sachverhalt kann grafisch anhand von drei kleinen Bällen veranschaulicht werden, die sich wiederum in einem großen Ball befinden (vgl. Abb. 11).

Die Aufgabe der staatlichen Wirtschaftspolitik kann mit der Aufgabe eines Jongleurs verglichen werden. Zunächst sind die drei kleinen Bälle, der Güter-, der Arbeits- und der Geldmarkt, in ein Gleichgewicht zu bringen. Es ergibt sich dann ein Gleichgewicht des gesamten Systems, dem großen Ball bzw. dem Gesamtmarkt. Die Pfeile zwischen den Bällen verdeutlichen die Aktionen und die Reaktionen zwischen den Märkten aufgrund der Maßnahmen der staatlichen Wirtschaftspolitik.

Abb. 11: Grafische Darstellung eines Gleichgewichts aller Märkte

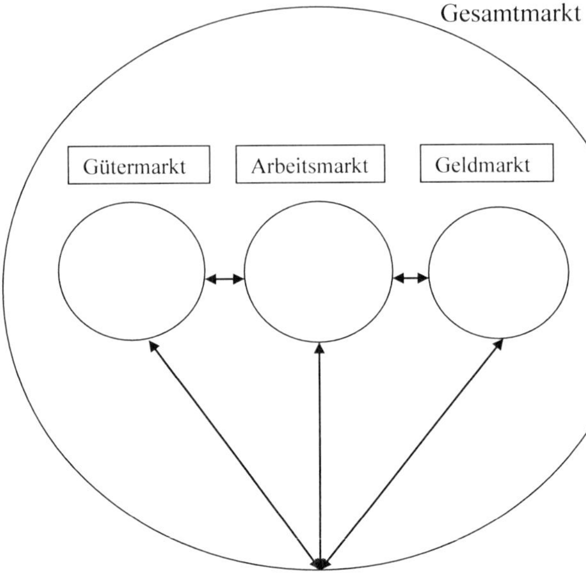

Quelle: eigene Darstellung

Bei einem Jongleur gerät das gesamte System aus dem Gleichgewicht und bricht zusammen, wenn ein kleiner Ball aus dem System ausbricht bzw. aus dem Gleichgewicht gerät. Der gleiche Effekt zeigt sich in der Volkswirtschaft. Wenn einer der drei Teilmärkte nicht beachtet wird und er aus dem Gleichgewicht gerät, kommt auch der Gesamtmarkt aus dem Gleichgewicht.

Zur Veranschaulichung der Bedeutung, alle Märkte im Gleichgewicht zu halten, wird ein aktuelles Beispiel gewählt, die Umstellung von Automobilen mit Verbrennungsmotoren auf Autos mit Elektroantrieb. Es wird unterstellt, dass in der Ausgangssituation alle Märkte der betrachteten Volkswirtschaft im Gleichgewicht sind. Die Umstellung auf die Produktion von Elektromobilen wirkt sich in der gesamten Wertschöpfungs-/Logistikkette und auf alle Märkte aus (vgl. Abb. 12).

Der Staat bzw. die staatliche Wirtschaftspolitik möchte aus Umweltschutzgründen und zur Verminderung des Klimawandels, den Verbrauch von fossilen Energien verringern oder gar ganz vermeiden. Als Maßnahme für den Verkehrsbereich wird die Einführung von Elektromobilen vorgesehen. Die staatliche Wirtschaftspolitik kann dieses Ziel auf verschiedenen Wegen erreichen. (1) Die Produktion von Elektromobilen wird empfohlen, (2) die Produktion von Elektromobilen wird vorgeschrieben und (3) die Automobile mit fossilen Energieträgern werden verboten.

Abb. 12: Auswirkungen der Umstellung auf die Produktion von Elektromobilen auf die Wertschöpfungs-/Logistikkette, die Märkte und die Umwelt

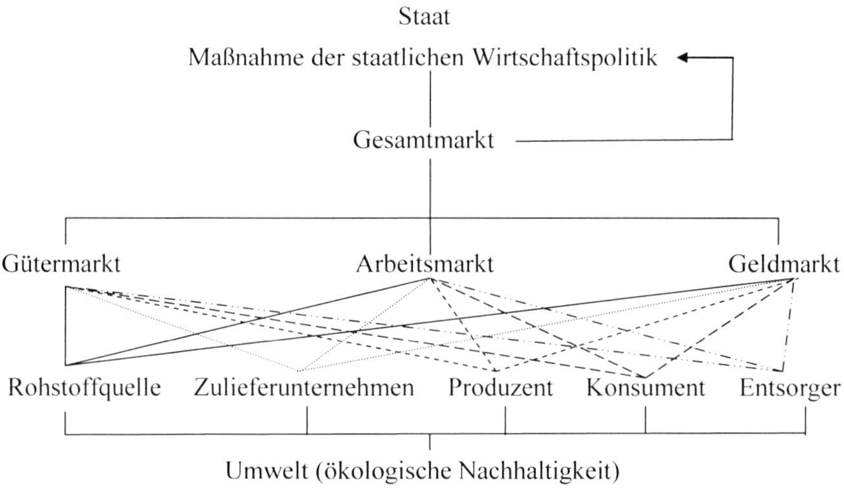

Quelle: eigene Darstellung

Die Maßnahme wirkt auf den Gütermarkt, da die Produzenten von Automobilen die Produktion umstellen oder einstellen. Die Anzahl der Produzenten, die Automobile produzieren, kann sich ändern. Alte Unternehmen können vom Markt verschwinden, neue Unternehmen können in den Markt eintreten. Es kommen andere Güter auf den Gütermarkt und es werden andere Güter nachgefragt. Da die neuen Elektromobile andere Bauteile (Vorprodukte, Zulieferprodukte) benötigen, erfolgt eine Auswirkung auf die Zulieferunternehmen. Die Zulieferunternehmen können die Produktion umstellen oder einstellen. Auch in diesem Bereich können alte Unternehmen vom Markt verschwinden und neue Unternehmen in den Markt eintreten. Die Veränderungen im Bereich der Zulieferunternehmen haben wiederum Auswirkungen auf die Unternehmen, die die Rohstoffe bereitstellen. Wenn Rohstoffe nicht mehr nachgefragt werden, verschwinden die Unternehmen vom Markt. Für neu nachgefragte Rohstoffe entstehen neue Unternehmen.

Die Nachfrager (Konsumenten) nach Automobilen könnten im Prinzip von der Anzahl her konstant bleiben, da die Mobilitätsbedürfnisse gleich bleiben. Veränderungen sind möglich, wenn Nachfrager sich teurere Elektromobile nicht mehr leisten können und/oder auf andere Verkehrsmittel umsteigen. Bei den Unternehmen, die für die Entsorgung zuständig sind, wird es auch Veränderungen geben. Die Elektromobile setzen sich aus anderen Bauteilen zusammen als die alten Automobile, die mit fossilen Energieträgern betrieben werden. Die Auswirkungen bei den Rohstoffquellen können sich auch auf die Entsorger auswirken. Es können andere Entsorgungstätigkeiten anfallen, die technologische Umstellungen bei den Entsorgern erfordern. Wenn sich die Anzahl der produzierten Automobile verändert, kann sich auch bei der Anzahl der Entsorger etwas ändern.

Die Veränderungen bei den Produzenten, Zulieferunternehmen, Rohstofflieferanten und Entsorgern haben wiederum Auswirkungen auf den Arbeitsmarkt. Mit den technologischen Veränderungen werden Arbeitskräfte mit anderen Fähigkeiten nachgefragt. Die Anzahl und die geforderte fachliche Ausrichtung der nachgefragten Arbeitskräfte wird sich verändern. Eine Veränderung der Entlohnungsstrukturen dürfte ein Folgeeffekt sein.

Die staatliche Wirtschaftspolitik kann die Umstellung der Produktion auf Elektromobile finanziell unterstützen, indem sie Subventionen an die Angebotsseite (für Forschung, Entwicklung und Produktion) und/oder Subventionen an die Nachfrageseite für den Kauf von Elektromobilen vergibt. Die Subventionen belasten den Staatshaushalt. Wenn die staatliche Wirtschaftspolitik nicht die Steuern erhöhen will, muss sie bei verplantem staatlichem Budget Kredite aufnehmen und die Staatsverschuldung erhöhen. Die Kredite haben Auswirkungen auf den Geldmarkt. Die Zinsen können sich verändern. Einige Ökonomen sehen in der Kreditaufnahme des Staates ein Crowding-Out (einen Verdrängungseffekt).[50] Der Staat verdrängt die private Kreditaufnahme. Für die Umstellung auf die Produktion von Elektromobilen werden auch die genannten Unternehmen in der Wertschöpfungs-/Logistikkette Kredite benötigen. Die Kreditnachfrage wird weiter erhöht. Die Unternehmen, die bei der Umstellung aus dem Markt ausscheiden, haben eventuell noch laufende Kreditverträge, die storniert werden müssen. Es kann auch sein, dass die Kredite nicht mehr getilgt werden können und die Kreditinstitute mit Kreditausfällen planen müssen.

Die veränderte Güternachfrage (von der Rohstoffquelle bis zur Entsorgung) bewirkt eine Veränderung der Material- und der Transportströme. Es wird Auswirkungen auf die Belastung der bestehenden Verkehrsinfrastruktur geben. Veränderungen, die Auswirkungen auf die Planung, den Bau und die Betreuung (Rettungsdienst, Tankstellen bzw. Aufladestationen) der Verkehrsinfrastruktur haben. Auswirkungen auf den Güter-, den Arbeits- und den Geldmarkt werden folgen.

[50] Vgl. u.a. Friedman, B.M.: Crowding Out or Crowding In? Economic Consequences of Financing Government Deficts, in: Brookings Papers on Economic Activity, Vol. 1978 (1978), S. 593 – 641; Frankel, J.A.: Portfolio Crowding-Out, Empirically Estimated, in: The Quarterly Journal of Economics, Vol. 100 (1985), S. 1041 – 1065; Placone, D./Ulbrich, H./Wallace, M.: The Crowding Out Debate: It´s Over When It´s Over and It Isn´t Over Yet, in: Journal of Post Keynesian Economics, Vol. 8 (1985), S. 91 - 96; Cardia, E.: Crowding Out in Open Economies: Results from a Simulation Study, in: The Candian Journal of Economics, Vol. 25 (1992), S. 708 – 728

Letztendlich soll die von der staatlichen Wirtschaftspolitik geplante Maßnahme mit allen erwirkten Veränderungen und den Auswirkungen eine positive Veränderung für die Umwelt und das Klima haben. Um diese Wirkungen vor der Durchführung der Maßnahme abzuschätzen, sind alle Veränderungen in der gesamten Wertschöpfungs-/Logistikkette zu kalkulieren. Zudem hat die staatliche Wirtschaftspolitik abzuschätzen, wie viel Zeit den Wirtschaftseinheiten für die Umstellungsprozesse, die nicht ad hoc durchgeführt werden können, zur Verfügung gestellt werden muss. Unter der Annahme der Weiterführung der bisherigen Strategie der staatlichen Wirtschaftspolitik durchgeführte Investitionen können sich noch nicht amortisiert haben und laufende Kreditverträge können nicht sofort gestoppt werden. Kurz, die staatliche Wirtschaftspolitik hat einen großen Planungsbedarf bevor sie Maßnahmen umsetzt.

Die vielen Veränderungen, die mit der Umstellung auf die Produktion von Elektromobilen bei den betroffenen Unternehmen auftreten, wirken auf die Märkte und bringen die unterstellten Gleichgewichte ins Ungleichgewicht, wenn die staatliche Wirtschaftspolitik nicht durch die Dosierung und das Timing der Maßnahmen Vorsorge für den Erhalt der Gleichgewichte trifft. Die Gleichgewichte zu erhalten, ist nicht so einfach, da die staatliche Wirtschaftspolitik dazu Detailinformationen über die Unternehmen und Märkte haben muss. Diese Informationen besitzen in der Regel nur die Unternehmen. In einem Wettbewerbssystem können die Unternehmen diese Informationen nicht weitergeben, da sie sonst ihren eigenen Schutz vor Wettbewerbsmaßnahmen der Konkurrenten aufgeben.

Die gleichen Auswirkungen in der Wertschöpfungskette und auf die Märkte ergeben sich, wenn die getroffene Annahme, alle Märkte befinden sich im Gleichgewicht, nicht zutrifft. Vermutlich ist das bei unvollkommenen Märkten mit Wettbewerb und Gewinnmaximierung für die praktische Wirtschaftspolitik eine realistischere Situation. Die Auswirkungen der Umstellung auf die Produktion von Elektromobilen werden dann die bestehenden Ungleichgewichte noch verstärken. Die Wahrscheinlichkeit, dass zufällig Gleichgewichte erwirkt werden, dürfte sehr gering sein. Allerdings besteht die Chance, dass die staatliche Wirtschaftspolitik die Umstellung nutzt, um Gleichgewichte herzustellen. Dazu ist aber eine Veränderung des Wirtschaftssystems in ein nachhaltiges Wirtschaftssystem notwendig. Es könnte dann ein Beitrag zu allen drei Komponenten der Nachhaltigkeit, der sozialen, der ökologischen und ökonomischen Nachhaltigkeit, geleistet werden. Die erhoffte Wirkung auf den Klimawandel durch den Einfluss auf die ökologische Komponente wird durch die Wirkungen auf die soziale und die ökonomische Komponente ergänzt.

24. Beachtung des Wagnerschen Gesetzes der wachsenden Staatsausgaben

Die von Wagner[51] festgestellte Tendenz zu höheren Staatsausgaben wird kurz Wagnersches Gesetz genannt. Es sind aber auch die Bezeichnungen Gesetz der wachsenden Staatsausgaben, Entwicklungsgesetz der Staatstätigkeit und Gesetz der wachsenden Ausdehnung der öffentlichen und speziellen Staatstätigkeit in der Literatur zu finden.

Für die Tendenz zu erhöhter Staatstätigkeit und damit steigenden Staatsausgaben werden in der Literatur verschiedene Gründe angeführt: (1) Neue Aufgaben des Staates in den Bereichen Kultur- und Sozialpolitik aufgrund der Entwicklung von Staaten (Wagner), (2) die industrielle Entwicklung und einem mit einer zeitlichen Verzögerung (Lag-Hypothese) aufgetretenem Bedarf an öffentlichen Gütern, insbesondere in den Bereichen Bildung, Gesundheit und Altersversorgung, wohlfahrtsstaatliche Versicherungs- und Vorsorgesysteme, (3) einem Nachholeffekt aufgrund zwischenzeitlicher staatlicher Ausgabenzurückhaltung nach den Erfahrungen im Absolutismus (Timm[52]), (4) einem sprunghaften, diskontinuierlichen Anstieg der Staatsausgaben während der Weltkriege, der nach dem Ende der Kriege nicht gebremst wurde (Niveauverschiebungshypothese, Displacement Effekt) (Peacock[53]) und (5) die Entwicklung des tertiären (Dienstleistungs-)Sektors mit neuen Produktionsvoraussetzungen und einer Bevölkerungskonzentration (Recktenwald[54]).

Das Popitzsche[55] Gesetz der Anziehungskraft des größten Etats und das Brechtsche[56] Gesetz der progressiven Parallelität von Ausgaben und Bevölkerungsmassierung begründen zwar nicht das Wagnersche Gesetz, dennoch stehen die Gesetze in einem Zusammenhang. Zwischen der Zunahme der Staatstätigkeit und ihre Zentralisierung gibt es eine Verbindung, da viele der neuen Staatsauf-

---

[51] Vgl. Wagner, A.: Lehr- und Handbuch der politischen Ökonomie, 1. Hauptabteilung: Grundlegung der politischen Ökonomie, 3. Aufl., 1. Teil: Grundlagen der Volkswirtschaftslehre, 2. Halbband, Leipzig 1893, S. 892 – 908 (https://archive.org/details/grundlegungderp00wagnoog/page/n476/mode/2up; abgerufen am 20.04.2023)

[52] Vgl. Timm, H.: Das Gesetz der wachsenden Staatsausgaben, in: Finanzarchiv, Bd. 21 (1961), S. 201 - 247

[53] Vgl. Peacock, A.T.: The Curious Attraction of Wagner´s Law, in: Public Choice, Vol. 102 (2000), S. 1 – 17, insbes. S. 1; vgl. auch Blankart, Ch.B.: Popitz Law, Bryce´s Law and Government Centzralization in Prussia and in Germany, in: Journal of Public Finance and Public Choice, Vol. 19 (2001), S. 71 - 81

[54] Vgl. Recktenwald, H.C.: Umfang und Struktur der öffentlichen Ausgaben in säkularer Entwicklung, in: Handbuch der Finanzwissenschaft, Bd. 1, 3. Aufl., Tübingen 1977, S. 713 – 752, insbes. S. 715 - 735

[55] Vgl. Popitz, J.: Der Finanzausgleich, in: Handbuch der Finanzwissenschaft, 2. Bd., Tübingen 1927, S. 338 – 375, insbes. S. 348 f.

[56] Vgl. Brecht, A.: Internationaler Vergleich öffentlicher Ausgaben, Leipzig, Berlin 1932, S. 6, 21 - 27

gaben effektiver und effizienter vom zentralen Etat durchgeführt werden können.[57]

Das Wagnersche, das Popitzsche und das Brechtsche Gesetz werden in der Literatur zwar als Gesetze bezeichnet, da die Ökonomie früher den Naturwissenschaften folgte und Gesetze aufstellte. Es besteht allerdings ein deutlicher Unterschied zu den naturwissenschaftlichen Gesetzen. Die naturwissenschaftlichen Gesetze ergeben sich aus natürlichen Abläufen, die der Mensch nicht beeinflussen kann. Die von der Ökonomie formulierten Gesetze beziehen sich auf ein künstliches, von Menschen erschaffenes System. Die Abläufe in dem System sind nicht unabhängig vom Verhalten und Handeln von Menschen. Es sind eigentliche keine Gesetzmäßigkeiten, sondern nur einfach Tatbestände, die sich nicht zwangsläufig ergeben. Dennoch sollte die staatliche Wirtschaftspolitik diese Tatbestände beachten und bei der Planung ihrer Maßnahmen berücksichtigen.

Steigende Staatstätigkeit und steigende Staatsausgaben führen nicht nur zu höherer Staatverschuldung, sondern auch zu einer Transformation des Wirtschaftssystems von einer Privatwirtschaft zu einer Staatswirtschaft. Im Extremfall kommt es zu einem zentralstaatlichen Planungssystem, das sich aufgrund der Erkenntnisse aus der politischen Wende im Ostblock nicht bewährt hat. Es sollte daher nicht wieder angestrebt werden.

[57] Vgl. Kaehler, J.: Agglomeration und Staatsausgaben – Brechtsches und Wagnersches Gesetz im Vergleich, in: Finanzarchiv, N.F., Bd. 40 (1982), S. 445 - 474; Scherf, W.: Das „Gesetz" der wachsenden Staatsausgaben, in: WISU- Wirtschaftsstudium, 11. Jg. (2010), S. 1514 -1523

Teil 5: Möglichkeiten und Grenzen der Wirtschaftspolitik in unterschiedlichen Formen des Wirtschaftssystems

Um die Möglichkeiten und Grenzen der (staatlichen) Wirtschaftspolitik aufzuzeigen, ist auch das Wirtschaftssystem zu berücksichtigen, in dem die (staatliche) Wirtschaftspolitik ihre Maßnahmen trifft. Es soll im Folgenden zwischen drei Formen des Wirtschaftssystems unterschieden werden: (1) ein Wirtschaftssystem in dem vollkommener Wettbewerb (vollkommene Konkurrenz) herrscht, (2) ein Wirtschaftssystem mit unvollkommenem Wettbewerb und (3) ein Wirtschaftssystem in dem die Nachhaltigkeit im Sinne der Vereinten Nationen verwirklicht ist. Für diese drei Formen von Wirtschaftssystemen wird im folgenden Teil 5, versucht die Möglichkeiten und Grenzen der (staatlichen) Wirtschaftspolitik zu beschreiben.

1. Möglichkeiten und Grenzen der Wirtschaftspolitik bei vollkommenem Wettbewerb

Der vollkommene Wettbewerb (vollkommene Konkurrenz) ist das Idealmodell der marktwirtschaftlichen Ökonomie. Es wird unterstellt, dass die wirtschaftlichen Entscheidungen am Markt getroffen werden. Die Wirtschaftseinheiten befinden sich am Markt in einer Wettbewerbssituation sowohl um das Angebot als auch um die Nachfrage. Auf einem Markt mit vollkommenem Wettbewerb wird das optimale Wirtschaftsergebnis erzielt. Der Staat hat nicht in den Marktmechanismus einzugreifen. Der Staat hat lediglich die Rahmenbedingungen für den Markt und den Wettbewerb festzulegen.

Der Begriff Wettbewerb ist in der ökonomischen Literatur schon lange bekannt. Becher[58] (1673) wird als der Autor genannt, der den Begriff in den Mittelpunkt der Ökonomie gestellt hat.[59] Die Entwicklung bis hin zum Begriff des vollkommenen Wettbewerbs hat relativ lange gedauert. Erst 1921 hat Knight die Bedingungen des vollkommenen Wettbewerbs festgelegt.[60]

Die Möglichkeiten und Grenzen des Modells des vollkommenen Wettbewerbs sind im Folgenden darzustellen.

1.1 Theoretische Verwirklichung des Pareto-Optimums

Das Modell des vollkommenen Wettbewerbs führt theoretisch zur Verwirklichung des Pareto-Optimums.[61] Das Pareto-Optimum ist die bestmögliche ökonomische Situation, die eine Volkswirtschaft mit gegebenen Ressourcen errei-

---

[58] Vgl. Becher, J.J.: Politischer Discurs, 2. Aufl., Franckfurt 1673, S. 205 - 208

[59] Vgl. Stigler, G.J.: Perfect Competition, Historically Contemplated, in: Journal of Political Economy, Vol. 65 (1957), S. 1 – 17; McNulty, P.J.: A Note on the History of Perfect Competition, in: Journal of Political Economy, Vol. 75 (1967), 395 – 399, hier S. 395

[60] Vgl. Knight, F.: Risk, Uncertainty and Profit, New York 1921, S. 51 - 93

[61] Vgl. Pareto, V.: Cours d'économie politique, Bd. I, Lausanne 1896, S. 20 ff, Bd. II, Lausanne 1897, S. 90 ff.

chen kann. In dieser Situation ist es nicht möglich, eine Person (Wirtschaftseinheit) besser zu stellen, ohne eine andere schlechter zu stellen.

Eine häufig vorgebrachte Kritik am Pareto-Optimum ist, dass es auf einem Maulwurfhügel oder auf dem Matterhorn liegen kann.[62] Diese Kritik vernachlässigt, dass die Höhe des erreichbaren Wohlstandsniveaus von den Ressourcen einer Volkswirtschaft abhängt und jede Volkswirtschaft eine andere Ressourcenbasis besitzt. Gravierender ist die Kritik, dass die Optimum-Bedingungen des vollkommenen Wettbewerbs unvollständig sind, weil viele praxisrelevante Wert- und Zielvorstellungen nicht berücksichtigt werden.[63] Diese Kritik des Pareto-Optimums geht konform mit dem von Arrow aufgestellten Unmöglichkeitstheorem (Arrow-Paradoxon).[64] Das Theorem besagt, dass es nicht möglich ist, eine widerspruchsfreie soziale Wohlfahrtsfunktion unter demokratischen Bedingungen zu erstellen.

1.2 Theoretische Verwirklichung von Gleichgewichten

Bei vollkommenem Wettbewerb wird auf dem Markt bzw. auf allen Märkten theoretisch eine Gleichgewichtssituation verwirklicht. Angebot und Nachfrage sind gleich. Es gibt am Markt keine Über- und keine Unterschüsse. Jeder Nachfrager erhält die gewünschte Gütermenge und jeder Anbieter setzt die angebotene Gütermenge ab. Diese Gleichgewichtssituation ist Pareto-optimal.

1.3 Unrealistische Bedingungen des vollkommenen Wettbewerbs verhindern das Erreichen der theoretischen Möglichkeiten

Das Modell des vollkommenen Wettbewerbs gilt einerseits als das ökonomische Idealmodell und andererseits als praxisfern. Das Modell ist daher in der Praxis nicht anwendbar. Trotz dieses Makels wird das Modell in der ökonomischen Literatur sehr häufig als Referenzmodell gesehen und die Bedingungen des vollkommenen Wettbewerbs bei der Konstruktion neuer Modelle herangezogen. Diese Vorgehensweise erklärt sich aus der Notwendigkeit, Modelle zu vereinfachen, da die ökonomische Realität zu komplex ist, um sie im Modell abzubilden.

Die Konsequenz ist, dass die Möglichkeiten und Grenzen, die (staatliche) Wirtschaftspolitik auf das Modell des vollkommenen Wettbewerbs zu basieren, klar aufgezeigt sind. Die Möglichkeit, mit dem Modell eine erfolgreiche (staatliche) Wirtschaftspolitik durchzuführen, besteht nur theoretisch. Die am Modell vorgebrachte Kritik deutet darauf hin, dass selbst für die theoretische Möglichkeit deutliche Grenzen bestehen bzw. von der Unmöglichkeit auszugehen ist.

---

[62] Vgl. Pütz, T.: Grundlagen ..., S. 74

[63] Vgl. Pütz, T.: Grundlagen ..., S. 74 - 76

[64] Vgl. Arrow, K.J.: A Difficulty in the Concept of Social Welfare, in: Journal of Political Economy, Vol. 58 (1950), S. 328 - 346

2. Möglichkeiten und Grenzen der Wirtschaftspolitik bei unvollkommenem Wettbewerb und Gewinnmaximierung

Der zweite Typ von Wirtschaftssystemen basiert auf Modellen des unvollkommenen Wettbewerbs.[65] Da es in der Praxis keinen vollkommenen Wettbewerb oder nur als seltenen Ausnahmefall gibt, wurden in der Ökonomie Modelle entwickelt, die den in der Praxis herrschenden unvollkommenen Wettbewerb unterstellen. Die Modelle lassen sich grob in drei Gruppen einteilen: (1) Modelle, die liberal ausgerichtet sind und nur wenige Eingriffe des Staates in den Marktmechanismus bzw. Preismechanismus zulassen, (2) Modelle, die dirigistisch (regulierend) ausgelegt sind und starke Eingriffe des Staates in den Marktmechanismus bzw. den Preismechanismus vorsehen und (3) Modelle, die den Preis und explizit die Qualität der Güter berücksichtigen.

Im Gegensatz zum Modell des vollkommenen Wettbewerbs, in dem die Wirtschaftseinheiten keinen Gewinn aber auch keinen Verlust machen, können die Wirtschaftseinheiten in den Modellen des unvollkommenen Wettbewerbs ihre Gewinne maximieren aber auch Verluste machen.

2.1 Probleme bei der Erfassungen der praxisrelevanten Bedingungen

Die vielen Modelle, die unvollkommenen Wettbewerb unterstellen, zeigen, dass es schwierig ist, die in der Praxis vorliegenden Bedingungen für die Funktionsfähigkeit von Märkten zu identifizieren und im Modell abzubilden. Wenn es einfach wäre, diese Bedingungen im Modell abzubilden, dürfte es genau wie bei Unterstellung von vollkommenem Wettbewerb auch nur ein Modell geben. Der Tatbestand, dass es für die Annahme von unvollkommenem Wettbewerb viele Modelle in der ökonomischen Literatur gibt, zeigt ihre Wirkungen in der Praxis bzw. in der staatlichen Wirtschaftspolitik. Es besteht eine Unsicherheit der staatlichen Wirtschaftspolitik hinsichtlich der Ausrichtung des Wettbewerbsrechts. Zum Beispiel wurde das in Deutschland als Grundgesetz der Wirtschaft bezeichnete Gesetz gegen Wettbewerbsbeschränkungen (GWB) häufig novelliert, da bei Regierungswechseln in der Regel andere Auffassungen hinsichtlich der Funktionsfähigkeit des unvollkommenen Wettbewerbs zum Tragen kommen. Bekannt ist der Wechsel in den Vereinigten Staaten von Amerika unter dem Präsidenten Ronald Reagan.[66] Die bis dahin verfolgte dirigistische Wettbewerbspolitik der Harvard School wurde durch die liberale Wettbewerbspolitik der Chicago School abgelöst. Dieser Wechsel in der Wettbewerbspolitik erfolgte auch in anderen Staaten (z.B. Großbritannien, Deutschland).

---

[65] Vgl. u.a. Robinson, J.: The Economics of Imperfect Competition, 2nd Ed. (Reprint), London, Basingstoke 1976 (1st Ed., London 1933)

[66] Vgl. Reagan, R.: A Program for Economic Recovery, in: Economic Impact, No. 35 (1981), Heft 3, S. 8 – 13

2.2 Keine Realisierung von Gleichgewichten

Während bei vollkommenem Wettbewerb Gleichgewichte der Wirtschaftseinheiten und der Märkte (theoretisch) verwirklicht werden, wurden in der Praxis unter der Bedingung unvollkommener Wettbewerb bisher keine oder nur sehr selten Gleichgewichte realisiert. Dabei mangelt es nicht an Gleichgewichtsmodellen, die in der ökonomischen Literatur dokumentiert sind.[67] Gleichgewichte können bei (unvollkommenem) Wettbewerb auch keinen Bestand haben, da Wettbewerb Gleichgewichte wieder zerstört.

Dieser Tatbestand ist umso bedauerlicher, da alle Wissenschaften und auch die Ökonomie die Verwirklichung von Gleichgewichten als wichtiges Ziel ausgeben. Ein wichtiges Ziel der (staatlichen) Wirtschaftspolitik wird somit nicht erreicht. Auf die Konsequenzen ist in den folgenden Abschnitten einzugehen.

2.3 Keine Verhinderung von Wirtschaftskrisen

Da es nur im Gleichgewicht keine Krisen gibt, kann die (staatliche) Wirtschaftspolitik bei unvollkommenem Wettbewerb keine Wirtschaftskrisen verhindern. Es werden in der Regel keine Gleichgewichte hergestellt. Nur wenn es der (staatlichen) Wirtschaftspolitik gelingt für alle Wirtschaftseinheiten und Märkte Gleichgewichte zu realisieren, kann sie das Auftreten von Wirtschaftskrisen vermeiden. Wirtschaftskrisen sind als systembedingte oder interne Krisen zu bezeichnen. Die Verhinderung von externen, naturbedingten Krisen können durch Maßnahmen der (staatlichen) Wirtschaftspolitik generell nicht verhindert werden. Die (staatliche) Wirtschaftspolitik kann lediglich die Auswirkungen externer Krisen abmildern.

2.4 Keine Verhinderung von sehr ungleicher Verteilung von Einkommen und Vermögen

Da die (staatliche) Wirtschaftspolitik bei unvollkommenem Wettbewerb keine Gleichgewichte herstellen kann, ist auch die gleiche Verteilung von Einkommen und Vermögen nicht möglich. Studien zeigen, dass die Verteilung von Einkommen und Vermögen bei unvollkommenem Wettbewerb und Gewinnmaximierung immer ungleicher wird.[68] Diese Tatsache ist umso erstaunlicher, da eigentlich Sozialpolitik ein wichtiger Bestandteil der (staatlichen) Wirtschaftspolitik ist. Sozialpolitik soll die auf den Märkten entstehenden Nachteile für weniger leistungsfähige und nicht leistungsfähige Bürger abbauen. Anscheinend ist die Sozialpolitik dazu nicht in der Lage. Ihre Maßnahmen können das gewünschte Ziel einer Sozialen Marktwirtschaft nicht realisieren. Die Schlussfolgerung ist,

---

[67] Vgl. zu einem Überblick u.a. Witte, H.: Das Lingener Gleichgewichtsmodell, Berlin 2019, insbes. S. 87 - 113

[68] Vgl. Fratzscher, M.: Verteilungskampf: Warum Deutschland immer ungleicher wird, München 2016

dass die Sozialpolitik neu ausgerichtet werden muss.[69] Vielleicht muss auch das gesamte Wirtschaftssystem neu ausgerichtet werden.

2.5 Zusammenwirken von Wettbewerb und Kooperation

In den aktuellen Wirtschaftssystemen auf der Basis des unvollkommenen Wettbewerbs hat der Staat die Aufgabe, die Rahmenbedingungen für den Wettbewerb zu schaffen. Dazu werden entsprechende Gesetze erlassen, die die Beschränkung des Wettbewerbs durch die Wirtschaftseinheiten verhindern sollen. Im Prinzip wird mit den Gesetzen die Kooperation der Unternehmen (Kartelle, Absprachen, Monopole und marktbeherrschende Positionen) verboten, damit der Wettbewerb in bestmöglichem Umfang zum Tragen kommt. Allerdings wird in der Regel eine bestimmte Anzahl von Ausnahmefällen definiert, für die die Kooperation der Wirtschaftseinheiten zugelassen ist. Es wird also eine Beschränkung des Wettbewerbs in Ausnahmefällen geduldet. Es wird davon ausgegangen, dass für diese Ausnahmefälle Kooperation ein besseres Wirtschaftsergebnis erwirkt als der unvollkommene Wettbewerb.

Die Zulassung von Kooperation der Wirtschaftseinheiten in bestimmten Ausnahmefällen zeigt, dass die aktuelle Wettbewerbstheorie und damit die (staatliche) Wirtschaftspolitik nicht schlüssig sind. Man vertraut der Wettbewerbstheorie und der (staatlichen) Wirtschaftspolitik nicht.

Für das Zusammenwirken von unvollkommenem Wettbewerb und teilweiser Kooperation gibt es drei Wirkungszusammenhänge: (1) die beiden Elemente der (staatlichen) Wirtschaftspolitik ergänzen sich, (2) die beiden Elemente der (staatlichen) Wirtschaftspolitik widersprechen sich und (3) die beiden Elemente der (staatlichen) Wirtschaftspolitik stehen neutral zueinander und beeinflussen sich nicht.

Prinzipiell ist vom zweiten Wirkungszusammenhang auszugehen, da das Wettbewerbsrecht die durch Kooperation entstehenden Beschränkungen des Wettbewerbs verhindern soll. Ausnahmefälle haben zudem eine Signalwirkung für Wirtschaftseinheiten, die keine Kooperation betreiben dürfen. Ihre Lobbyarbeit wird sich an der Schaffung neuer Ausnahmefälle orientieren. Ferner ist davon auszugehen, dass in einem prinzipiell auf Wettbewerb ausgelegten Wirtschaftssystem ausnahmsweise zugelassene Kooperation zu Wettbewerbsverzerrungen führt. Die von den Ausnahmeregeln profitierenden Wirtschaftseinheiten haben zudem sicherlich kein Interesse, auf die Ausnahmeregeln zu verzichten, wenn sie nicht mehr notwendig sind.

---

[69] Vgl. Witte, H.: Nachhaltige Sozialpolitik, in: Witte, H. (Ed.): Sustainability Research 2019, Berlin 2020, S. 31 - 44

2.6 Keine Verwirklichung der ökonomischen Nachhaltigkeit

Die ökonomische Nachhaltigkeit im Sinne der Vereinten Nationen ist nur dann verwirklicht, wenn alle Wirtschaftseinheiten und alle Märkte im mengen- und wertbezogenen Gleichgewicht sind.[70] Da bisher in den Volkswirtschaften mit unvollkommenem Wettbewerb keine bzw. nur in seltenen Ausnahmefällen Gleichgewichte realisiert wurden, kann auch die ökonomische Nachhaltigkeit im Sinne der Vereinten Nationen nicht verwirklicht werden. Die Verwirklichung der ökonomischen Nachhaltigkeit wäre aber wichtig, da ihre Verwirklichung eine Voraussetzung für die vollständige Realisierung der sozialen und der ökologischen Nachhaltigkeit ist.

Die soziale und die ökologische Nachhaltigkeit können zunächst nur teilweise verwirklicht werden, weil das in Volkswirtschaften auf der Basis des unvollkommenen Wettbewerbs zugelassene Prinzip der Gewinnmaximierung eine vollständige Verwirklichung verhindert. Erst, wenn mit der Durchsetzung der ökonomischen Nachhaltigkeit in mengen- und wertbezogenen Gleichgewichten, die Gewinnmaximierung auf einen Gewinn von null begrenzt wird, kann die vollständige Verwirklichung der sozialen und ökologischen Nachhaltigkeit gelingen. Es ist für die Durchsetzung der Nachhaltigkeit von einem Entwicklungsprozess auszugehen, der sich in einem Stufenmodell vollzieht.[71]

3. Möglichkeiten und Grenzen der Wirtschaftspolitik bei Kooperation

Die zwei dargestellten alternativen Wirtschaftssysteme auf der Basis von vollkommenem Wettbewerb und auf der Basis von unvollkommenem Wettbewerb mit teilweiser Kooperation lassen eine dritte Alternative zu. Die dritte Alternative ist ein Wirtschaftssystem, das nur auf Kooperation aufgebaut ist. Der Staat hat in einem solchen Wirtschaftssystem die Regeln für die Kooperation der Wirtschaftseinheiten zu formulieren und den Wirtschaftseinheiten zur Anwendung vorzugeben. Ein auf Kooperation basierendes Wirtschaftssystem kann auch aus einer anderen Idee entwickelt werden. Die Suche nach einem Wirtschaftssystem, in dem die ökonomische Nachhaltigkeit verwirklicht ist, führt ebenfalls zu einem auf Kooperation aufbauendem Wirtschaftssystem. Zudem lässt sich eine Regel ableiten, die die Wirtschaftseinheiten anzuwenden haben, um die ökonomische Nachhaltigkeit zu verwirklichen.

Ausgangspunkt zur Auffindung eines Wirtschaftssystems, in dem die ökonomische Nachhaltigkeit verwirklicht wird, ist die Forderung der Vereinten Nationen, einen weltweiten nachhaltigen Entwicklungsprozess zu verwirklichen und zu stärken. Ausgangspunkt dieses Entwicklungsprozesses sind die Produktionsprozesse in den Unternehmen. Die ökonomische Nachhaltigkeit wird realisiert,

---

[70] Vgl. Witte, H.: Die nachhaltige Marktwirtschaft, S. 124 - 144; Witte, H.: Das Lingener Gleichgewichtsmodell, S. 166, 181 f., 223

[71] Vgl. Witte, H.: Was ist Nachhaltigkeit? S. 48 - 51

wenn es keine Armen und keine Reichen gibt. Diese Forderung ist erfüllt, wenn die Unternehmen ihren Mitarbeitern genau den Lohn bezahlen, den sie benötigen, um alle produzierten und gewünschten (benötigten) Güter zu kaufen. Die anzuwendende Regel ist die Lohn-Preis-Regel. Gemäß dieser Regel werden die Preise der Güter in Abstimmung mit den Löhnen festgelegt. Die Festlegung erfolgt gleichzeitig. Die Preise können folglich den Löhnen nicht nach- oder vorauslaufen. Das ist in den Modellen nicht möglich, die aktuell in der Praxis angewandt werden.

Die Anwendung der Lohn-Preis-Regel erfordert die Kooperation der Wirtschaftseinheiten. Bei Vorliegen von Wettbewerb kann die Lohn-Preis-Regel nicht praktiziert werden. Sie wäre zudem bei Geltung des aktuellen Wettbewerbsrechts verboten, da Preisabsprachen nicht erlaubt sind.

3.1 Realisierung von Gleichgewichten

Die Anwendung der Lohn-Preis-Regel in einem auf Kooperation basierten Wirtschaftssystems hat einige Vorteile. Zunächst werden mengen- und wertbezogene Gleichgewichte aller Wirtschaftseinheiten und Märkte realisiert. Ein Tatbestand, den die Ökonomie schon lange erreichen möchte.

Der Güter-, der Geld- und der Arbeitsmarkt sind in mengen- und wertbezogenen Gleichgewichten. Um dies zu erreichen, wird statt der Fisherschen Tausch-/Verkehrsgleichung bzw. einer modernen Variante dieser Gleichung die Szczecin-Gleichung herangezogen. Die Szczecin-Gleichung[72] weist den Vorteil auf, dass sie Gleichgewichte der drei genannten Märkte verwirklicht, während die Fishersche Tausch-/Verkehrsgleichung und ihre modernen Varianten lediglich eine Gleichheit von real-(güter-)wirtschaftlicher Seite und geldwirtschaftlicher Seite einer Volkswirtschaft aufzeigen. Sie werden daher als Identitäten bezeichnet.

3.2 Realisierung der ökonomischen Nachhaltigkeit

Ein zweiter Vorteil eines auf Kooperation basierten Wirtschaftssystems, in dem die Lohn-Preis-Regel zur Anwendung kommt, ist, dass die ökonomische Nachhaltigkeit verwirklicht wird. Damit wird einer Forderung der Vereinten Nationen entsprochen. Die Forderung ist mittlerweile von vielen supranationalen Institutionen und vielen Staaten übernommen worden, so dass im Prinzip eine weltweite Forderung erfüllt wird.

Die Realisierung der ökonomischen Nachhaltigkeit ist nicht nur Voraussetzung für die totale Durchsetzung der sozialen und ökologischen Nachhaltigkeit (s.o.), sondern auch eine wesentliche Voraussetzung, um die Klimaschutzziele zu erreichen.

---

[72] Vgl. Witte, H.: Die Szczecin-Gleichung, in: Witte, H.: The Szczecin School of "simple" Economics, Szczecin 2010, S. 35 - 44

Die Erreichung der Klimaschutzziele ist eine Forderung, die nicht direkt von der (staatlichen) Wirtschaftspolitik ausgeht, sondern von der Umweltpolitik. Die Forderung basiert auf Erkenntnissen der Naturwissenschaften und kann von der Ökonomie nicht begründet werden. Die Forderung muss aber von der Ökonomie mit getragen werden und ins Zielsystem der Ökonomie mit aufgenommen werden. Die Ökonomie bzw. die (staatliche) Wirtschaftspolitik selbst kann mit ihren Maßnahmen keinen direkten Beitrag zum Klimaschutz leisten. Ein direkter Beitrag zum Klimaschutz ist nur durch Maßnahmen der Naturwissenschaften und der Technischen Wissenschaften zu leisten. Die Ökonomie hat diese Maßnahmen zu unterstützten und die Wirtschaftseinheiten durch Maßnahmen zum Umweltschutz zu motivieren. Dieser indirekte Beitrag zum Klimaschutz ist nicht zu unterschätzen, da klimafreundliche Technologien von den Wirtschaftseinheiten eingesetzt werden müssen. Die Entwicklung klimafreundlicher Technologien als technische Neuerung wird nur durch ihren Einsatz von den Wirtschaftseinheiten zur klimabeeinflussenden Innovation.

3.3 Realisierung des Pareto-Optimums

In einem auf Kooperation basierten Wirtschaftssystem, in dem die Lohn-Preis-Regel angewandt wird, führt die Realisierung von mengen- und wertbezogenen Gleichgewichten aller Wirtschaftseinheiten und Märkte zu einer Wirtschaftssituation, die Pareto-optimal ist. Es ist in dem Wirtschaftssystem nicht möglich eine Wirtschaftseinheit besser zu stellen, ohne eine andere Wirtschaftseinheit schlechter zu stellen. Die (verbale) Bedingung des Pareto-Optimums ist erfüllt.

Diese Wirtschaftssituation ist bisher theoretisch nur in Wirtschaftssystemen auf der Basis der vollkommenen Konkurrenz gegeben. Der Unterschied zu Wirtschaftssystemen auf der Basis von Kooperation und Anwendung der Lohn-Preis-Regel ist, dass die Kooperation und die Anwendung der Lohn-Preis-Regel nicht auf unrealistischen bzw. praxisfernen Bedingungen beruht. Kooperation und die Lohn-Preis-Regel sind einfache Instrumente, die von allen Wirtschaftseinheiten verstanden, akzeptiert und angewandt werden können. Die Gleichgewichtsregeln für Wirtschaftssysteme auf der Basis des unvollkommenen Wettbewerbs sind hingegen nicht für alle Wirtschaftseinheiten verständlich, da nicht alle Wirtschaftseinheiten über die notwendigen mathematischen Kenntnisse verfügen, um z.B. mit einem Preisvektor oder Preissimplex zu arbeiten. Löhne und Preise sind für alle Wirtschaftseinheiten gängige Instrumente mit denen sie bereits in aktuellen Wirtschaftssystemen operieren. Es sind Instrumente, die den Wirtschaftseinheiten sozusagen in Fleisch und Blut übergangen sind und daher keine Anwendungsschwierigkeiten mit sich bringen.

3.4 Realisierung einer relativ gleichen Verteilung von Einkommen und Vermögen

Die Grenzen eines auf Kooperation und die Anwendung der Lohn-Preis-Regel basierten Wirtschaftssystems zeigen sich an der Forderung, eine gleiche Verteilung von Einkommen und Vermögen herzustellen. Diese Forderung ist von keinem Wirtschaftssystem zu erfüllen. Diese Aussage gilt nicht nur für marktwirtschaftliche, sondern auch für planwirtschaftliche (sozialistische) Wirtschaftssysteme. Die Forderung nach einer gleichen Verteilung von Einkommen und Vermögen wird zwar häufig vertreten, sie ist jedoch eine Forderung, die nicht realistisch ist. Die Forderung kann nicht erfüllt werden. Sie ist schlicht eine Utopie. Diese Aussage gilt, da eine gleiche Verteilung von Einkommen und Vermögen nur hergestellt werden könnte, wenn alle Güter gleiche Produktionskosten hätten. Unterschiedliche Produktionskosten ergeben sich aufgrund unterschiedlicher Rohstoffe bzw. Vorprodukten, unterschiedlichen Produktionstechnologien und unterschiedlichen Bedingungen an den verschiedenen Produktionsorten. Hinzu kommen unterschiedliche Transportkosten, da Angebot und Nachfrage der Güter nicht in einem räumlichen und zeitlichen Punktmarkt - wie es häufig in der Theorie unterstellt wird - erfolgen.

Die Forderung nach einer gleichen Verteilung von Einkommen und Vermögen wird in der ökonomischen Literatur oft nicht anhand von Fakten widerlegt, sondern einfach abgelehnt, weil sie öde und übel ist.[73]

Ein auf die Kooperation und die Anwendung der Lohn-Preis-Regel ausgelegtes Wirtschaftssystem kann nur eine Verteilung des Einkommens verwirklichen, die sich durch einen Gini-Koeffizienten von 0,13[74] auszeichnet. Diese (gemäßigte) ungleiche Verteilung des Einkommens ist zu akzeptieren. Besser geht es nicht.

Die Lohn-Preis-Regel macht allerdings keinen Unterschied hinsichtlich des Geschlechts, des Alters, der Herkunft etc. der Wirtschaftseinheiten bzw. der Bürger. Alle anderen Merkmale außer Produktions- bzw. Nachfragemenge, Preis und Lohn werden gleich gestellt. Ein Unterschied erfolgt lediglich in Abhängigkeit von den Produktionskosten der Güter und der Produktions- bzw. Nachfragemenge der Güter.

3.5 Verhinderung von (internen) Wirtschaftskrisen

Ein deutlicher Vorteil eines auf Kooperation und der Anwendung der Lohn-Preis-Regel basiertem Wirtschaftssystem ist, dass es in dem Wirtschaftssystem keine internen bzw. systembedingten Wirtschaftskrisen gibt. Diese Aussage ergibt sich aus dem Tatbestand, dass mengen- und wertbezogene Gleichgewichte hergestellt werden. Im Gleichgewicht ist alles konstant. Es gibt keine Veränderung aus dem System heraus. Der Gleichgewichtszustand verhindert, dass es interne, systembedingte Krisen gibt. Dieser Zustand ist als ideal zu bezeichnen. Das erzielte Wirtschaftsniveau muss hingegen nicht ideal sein. Es hängt von den Ressourcen ab, die einer Volkswirtschaft zur Verfügung stehen. Ein Schlaraffenland ist kaum vorstellbar, da die Ressourcen begrenzt und daher knapp sind. Auch die Idee, mit erneuerbaren Ressourcen zu arbeiten, führt nicht aus diesem

[73] Vgl. Krelle, W.: Verteilungstheorie, Wiesbaden 1962, S. 159

[74] Vgl. Witte, H.: Das Lingener Gleichgewichtsmodell, S. 235 – 243; Witte, H.: Theorie einer nachhaltigen Weltwirtschaft, Berlin 2022, S. 25 f., 99 f.

Dilemma, da eine Wirtschaft nur auf der Basis von erneuerbaren Ressourcen kaum bzw. gar nicht erreichbar sein wird. Ein totaler Verzicht bzw. Ersatz der von der Natur zur Verfügung gestellten Ressourcen dürfte nicht möglich sein, da diese Ressourcen immer als Basisressourcen zur Verfügung stehen müssen.

3.6 Keine Verhinderung von (externen) naturbedingten Krisen

Jedes im Gleichgewicht befindliche System kann durch auf das System wirkende Kräfte aus dem Gleichgewicht gebraucht werden. Diese über alle Wissenschaften allgemein gültige Aussage gilt auch für die Gleichgewichte in der Ökonomie. Sie zeigt zudem die Grenzen eines auf Kooperation und die Anwendung der Lohn-Preis-Regel aufgebauten Wirtschaftssystems auf. Es kann keine externen, von der Natur bedingten Krisen verhindern. Die in der Natur wirkenden Kräfte können ein sich im Gleichgewicht befindendes Wirtschaftssystem aus dem Gleichgewicht bringen und Wirtschaftskrisen auslösen. Die von außen wirkenden Naturkräfte (wie z.B. Erdbeben, Überschwemmungen etc.) zerstören Elemente eines Wirtschaftssystems bzw. einer Volkswirtschaft, die für die Produktion und den Transport von Gütern wichtig sind. Um das Wirtschaftssystem wieder in ein mengen- und wertbezogenes Gleichgewicht zu bringen, bedarf es je nach Stärke der entstandenen Schäden im Wirtschaftssystem aufwendige und lang andauernde Reparaturprozesse.

Teil 6: Wirtschaftspolitische Konzepte in unterschiedlichen Wirtschaftssystemen

Die Ziele der (staatlichen) Wirtschaftspolitik und ihre Instrumente/Maßnahmen kommen in unterschiedlichen Wirtschaftssystemen in unterschiedlicher Art und Weise zur Anwendung. In diesem Rahmen soll auf die freie Marktwirtschaft, die Soziale und die nachhaltige Marktwirtschaft Bezug genommen werden. Es ist kurz zu beschreiben, mit welchem Konzept die Ziele der Wirtschaftspolitik in den unterschiedlichen Wirtschaftssystemen verfolgt werden. Auf planwirtschaftliche Systeme wird nicht eingegangen.

1. Die freie Marktwirtschaft

Die freie Marktwirtschaft kann als die ursprünglichste Form der Marktwirtschaft bezeichnet werden, da die reine Marktwirtschaft nicht realisiert wurde und nur als Gedankenkonstrukt besteht. Die freie Marktwirtschaft basiert auf dem Leistungsprinzip. Wer viel am Markt leistet wird besser entlohnt als der der weniger leistet. Die freie Marktwirtschaft verkörpert den Liberalismus in der Ökonomie stärker als andere Formen der Marktwirtschaft.

Im Folgenden werden zwei Varianten der freien Marktwirtschaft behandelt.

1.1 Die freie Marktwirtschaft auf der Basis des „laissez faire“

Die freie Marktwirtschaft vertraut als Entscheidungsinstrument auf den Markt auf dem Wettbewerb herrscht. Der Staat hat im Extremfall nur die Aufgabe der Landesverteidigung zu übernehmen.[75] Es besteht allerdings in der Literatur kein Konsens darüber, welche Aufgaben der Staat übernehmen soll. Da ohne eine gewisse Ordnung kein Staat funktioniert, hat der Staat nach Meinung vieler Autoren die Ordnungspolitik durchzuführen, um die Rahmenbedingungen für den Markt und den Wettbewerb sicherzustellen. Ablaufpolitische Eingriffe des Staates in den Markt sind in der Regel nicht erwünscht.

Nach einem alten französischen Konzept, das als „laissez faire“[76] oder „laissez passer“ bezeichnet wird, soll der Staat keinen Einfluss auf das Marktgeschehen nehmen. Weder die Aktivitäten auf dem Markt noch die Entwicklung des Marktes sollen vom Staat beeinflusst werden. Der liberale Gedanke kommt in diesem Konzept voll zum Tragen.

---

[75] Vgl. Smith, A.: The Wealth of Nations, New York 2000 (Orig. 1776), S. 747 - 878; vgl. auch Watrin, C.: Zur Diskussion um das Problem der Marktkonformität, in: Zeitschrift für Wirtschaftspolitik, Vol. 6 (1957), Heft 1, S. 47 - 61; Head, J.G.: Über meritorische Güter, in: Recktenwald, H.C. (hrsg. v.): Finanztheorie, 2. Aufl. Köln, Berlin 1970, S. 46 – 74, hier S. 67

[76] Vgl. Schelle, G.: Vincent de Gournay. Laissez faire, laissez passer, Paris 1897, S. 197, 214 ff.

Dieses alte französische Konzept wird heute in der Regel nicht mehr verfolgt.[77] Es hat sich gezeigt, dass das Konzept nicht zum Wohlstandsmaximum führt. Der Liberalismus in der Ökonomie wird heute in der Regel durch den Einsatz verschiedener regulierender Instrumente mehr oder weniger eingeschränkt.

1.2 Die freie Marktwirtschaft auf der Basis des „muddling through“

Die englische Alternative zum französischen „laissez faire“ ist das „muddling through“.[78] Das Konzept beruht auf der Tatsache, dass es im Prinzip kein konkretes Konzept für die Wirtschaftspolitik gibt. Die (staatliche) Wirtschaftspolitik „wurschtelt“ sich durch und setzt Instrumente bzw. Maßnahmen ein, ohne konkrete Informationen über die Dosierung, das Timing und die Wirkungen zu haben. Das Konzept setzt allerdings voraus, dass es Aufgaben der (staatlichen) Wirtschaftspolitik gibt, die über die Landesverteidigung hinausgehen. Es muss etwas zu regeln geben, auch wenn dafür kein schlüssiges Konzept vorliegt. Das Wohlstandsmaximum kann mit diesem Konzept gar nicht oder nur per Zufall erreicht werden.

2. Die Soziale Marktwirtschaft

Die Soziale Marktwirtschaft ist ein deutsches Konzept. Es wurde von Erhard[79] angewandt, um die deutsche Wirtschaft aus den Folgen des Zweiten Weltkriegs zu führen. Als theoretischer Begründer der Sozialen Marktwirtschaft gilt Müller-Armack.[80] Die Soziale Marktwirtschaft basiert auf dem eingeschränkten Leistungsprinzip. Wer weniger oder gar nichts am Markt leisten kann, wird durch staatliche Ausgleichsmaßnahmen unterstützt. Die staatlichen Unterstützungen umfassen eine breite Palette von sozialen Maßnahmen, die als „soziales Netz“ bezeichnet werden. Trotz der Eingriffe zur Unterstützung der am Markt Benachteiligten wird die Wirtschaftspolitik in der Ära Erhard als liberal bezeichnet.

Kritiker sehen in der Abschwächung des Leistungsprinzips die Gefahr, dass der Leistungswille generell geschwächt wird. Auch wenn Erhard sein Buch „Wohl-

---

[77] Vgl. Fisher, I.: Why Has the Doctrine of Laissez Faire Been Abandoned, in: Science, N.S. Vol. 25 (1907), S. 18 – 27; Keynes, J.M.: The end of laissez faire (1926), (www.panarchy.org/keynes/laissezfaire.1926.html; abgerufen am 24.01.2023)

[78] Vgl. Lindblom, C.E.: The Science of “Muddling Through“, in: Public Administration Review, Vol. 19 (1959), S. 79 – 88; Lindblom, C.E.: Still Muddling. Not Yet Through, in: Public Administration Review, Vol. 39 (1979), S. 517 – 526

[79] Erhard, L.: Wohlstand für Alle, 8. Aufl., Bonn 1964 (Düsseldorf 1957[1])

[80] Vgl. Müller-Armack, A.: Soziale Marktwirtschaft, in: Der Wirtschaftsspiegel, Bd. 2 (1947), S. 480 – 484 (auch in: Handbücher der Sozialwissenschaften, 9. Bd., Stuttgart u.a. 1956, S. 390 - 392); Müller-Armack, A.: Das Grundproblem unserer Wirtschaftspolitik: Rückkehr zur Marktwirtschaft, in: Finanzarchiv, Bd. 11 (1949), S. 57 – 78; Müller-Armack, A.: Soziale Irenik, in: Weltwirtschaftliches Archiv, Bd. 64 (1950), S. 181 – 203; Müller-Armack, A.: The Social Market Economy as an Economic and Social Order, in: Review of Social Economy, Vol. 36 (1978), S. 325 – 331; Müller-Armack, A.: Genealogie der sozialen Marktwirtschaft: Frühschriften und weiterführende Konzepte, 2. Aufl., Bern 1981

stand für Alle" genannt hat, wurde trotz eines zwischenzeitlichen „Wirtschaftswunders" das Wohlstandsmaximum bisher nicht verwirklicht. Viele Bürger haben am erreichten Wohlstand keinen bzw. nicht genügend Anteil. Die Verteilung von Einkommen und Vermögen entwickelt sich zugunsten der reichen Bürger und zuungunsten der ärmeren Bürger.[81]

2.1 Die nachfrageorientierte Soziale Marktwirtschaft

Die nachfrageorientierte Wirtschaftspolitik geht auf Keynes[82] zurück, der eine Notwendigkeit für steuernde Eingriffe der (staatlichen) Wirtschaftspolitik auf der Nachfrageseite sah. Die wesentlichen Steuerungsinstrumente bei Keynes sind die Beschäftigung und der Zins. Die von Keynes entwickelte Theorie führt zu ökonomischen Gleichgewichten bei Unterbeschäftigung. Damit wird nur ein partielles Gleichgewicht erreicht. Der Arbeitsmarkt ist bei Unterbeschäftigung nicht im Gleichgewicht.

Trotz dieser Schwäche hat die Theorie von Keynes die Wirtschaftspolitik und vor allem die Geldpolitik weltweit sehr lange dominiert. Der Einfluss liegt auch heute noch vor.

2.2 Die nachfrageorientierte Soziale Marktwirtschaft mit konzertierter Aktion

Mit der Ära Erhard endete die liberale Wirtschaftspolitik in der Bundesrepublik Deutschland. Durch die Verabschiedung des Gesetzes zur Förderung der Stabilität und des Wachstums der Wirtschaft (StabWG) wurden der staatlichen Wirtschaftspolitik (bzw. dem Bund und den Ländern) im § 1 des Gesetzes vier Ziele (Preisstabilität, hoher Beschäftigungsgrad, außenwirtschaftliches Gleichgewicht, angemessenes Wachstum; magisches Viereck) vorgegeben, um ein gesamtwirtschaftliches Gleichgewicht zu erwirken. Im § 3 des Gesetzes wird ausgeführt, dass falls die Verwirklichung eines der vier Ziele gefährdet ist, die Bundesregierung Daten zur Orientierung für ein aufeinander abgestimmtes Verhalten (konzertierte Aktion) der Gebietskörperschaften, der Gewerkschaften und der Unternehmensverbände zur Verfügung zu stellen hat, damit alle vier Ziele erreicht werden.[83]

Die nachfrageorientierte staatliche Wirtschaftspolitik mit konzertierter Aktion dominierte in der Bundesrepublik Deutschland die staatliche Wirtschaftspolitik bis in 1980-iger Jahre. Diese Wirtschaftspolitik wurde im Rahmen der Sozialen Marktwirtschaft durchgeführt. Inwieweit sich die Konzepte ergänzen oder wi-

---

[81] Vgl. u.a. Fratzscher, M.: Verteilungskampf: Warum Deutschland immer ungleicher wird, München 2016

[82] Vgl. Keynes, J.M.: Allgemeine Theorie der Beschäftigung, des Zinses und des Geldes, München, Leipzig 1936, S. 22 f.

[83] Vgl. Gesetz zur Förderung der Stabilität und des Wachstums der Wirtschaft (www.gesetze-im-internet.de/stabg/_1.html; abgerufen am 24.01.2023), § 1 und 3

dersprechen muss offenbleiben. Gleichgewichte und das gewünschte Wohlstandsmaximum wurden nicht bzw. nur partiell (für einige Bürger) verwirklicht.

2.3 Die angebotsorientierte Soziale Marktwirtschaft

Die angebotsorientierte Wirtschaftspolitik[84] löste in den 1980-iger Jahren die nachfrageorientierte staatliche Wirtschaftspolitik in vielen Staaten ab. Als Ausgangspunkt werden die Vereinigten Staaten von Amerika gesehen, wo der damalige Präsident Reagan auf die angebotsorientierte Wirtschaftspolitik vertraute. Die angebotsorientierte Wirtschaftspolitik basiert auf dem Sayschen Theorem, das besagt, dass ein Angebot am Markt seine Nachfrage findet. Mit der angebotsorientierten Wirtschaftspolitik kam auch wieder eine liberale Wirtschaftspolitik zum Tragen, die weniger regulierte als die nachfrageorientierte Wirtschaftspolitik.

Gleichgewichte und das Wohlstandsmaximum wurden auch mit der angebotsorientierten Wirtschaftspolitik nicht oder nur partiell (für einige Bürger) verwirklicht.

2.4 Die gemäßigte angebotsorientierte Soziale Marktwirtschaft

In der Bundesrepublik Deutschland wurde seinerzeit anders als in den Vereinigten Staaten keine reine angebotsorientierte Wirtschaftspolitik, sondern eine gemäßigte Variante der angebotsorientierten Wirtschaftspolitik[85] betrieben. Die gemäßigte Variante der angebotsorientierten Wirtschaftspolitik besteht aus einem nicht festgeschriebenen Mix aus Angebots- und Nachfragesteuerung. Es ist in Abhängigkeit von der Wirtschaftssituation zu entscheiden, wie viel Angebots- und wie viel Nachfragesteuerung eingesetzt wird. Das Konzept berücksichtigt die Erkenntnis aus der grafischen Darstellung eines Marktgleichgewichts im Schnittpunkt von Angebots- und Nachfragekurve. Es wird gezeigt, dass für die Steuerung einer Wirtschaft Angebot und Nachfrage gleichermaßen von Bedeutung sind.

Das Konzept der gemäßigten Variante der angebotsorientierten Wirtschaftspolitik kam in der Bundesrepublik Deutschland im Rahmen der Sozialen Marktwirtschaft zum Tragen. Auch die gemäßigte Variante der angebotsorientierten Wirt-

---

[84] Vgl. Reagan, R.: A Program for Economic Recovery, in: Economic Impact, No. 35 (1981), Heft 3, S. 8 – 13; Say, J.-B.: Traité D'Économie Politique, ou Simple Exposition de la Maniere dont se forment, se distribuent, et se consomment les Richesses, Tome I, Paris 1803, S. 152 – 155 (Des Débouches); vgl. u.a. Witte, H.: Die Bedeutung des Sayschen Theorems für die Nationalökonomie, in: Jahrbuch für Sozialwissenschaft, Bd. 40 (1989), S. 323 - 331

[85] Vgl. Sachverständigenrat zur Begutachtung der gesamtwirtschaftlichen Entwicklung (SVR): Zeit zum Investieren, Jahresgutachten 1976/77, Stuttgart, Mainz 1976, S. 127 f.; Sachverständigenrat zur Begutachtung der gesamtwirtschaftlichen Entwicklung (SVR): Mehr Wachstum für mehr Beschäftigung, Jahresgutachten 1977/78, Stuttgart, Mainz 1977, S. 127 f.; Sachverständigenrat zur Begutachtung der gesamtwirtschaftlichen Entwicklung (SVR): Investieren für mehr Beschäftigung, Jahresgutachten 1981/82, Stuttgart, Mainz 1981, S. 133, 157

schaftspolitik konnte keine Gleichgewichte herstellen und führt nicht zur Wohlstandsmaximierung für alle Bürger.

3. Die nachhaltige Marktwirtschaft

Die nachhaltige Marktwirtschaft verbindet die Forderung der Vereinten Nationen, einen weltweiten nachhaltigen Entwicklungsprozess zu starten, mit der Idee einer Marktwirtschaft mit Privateigentum und staatlicher Zurückhaltung hinsichtlich der Eingriffe in die Märkte. Die Privatwirtschaft soll nicht in eine Staatswirtschaft transformiert werden. Die nachhaltige Marktwirtschaft ist das Wirtschaftssystem der Zukunft, das bisher noch nicht umgesetzt wurde. Die Umsetzung der nachhaltigen Marktwirtschaft steht vor der Schwierigkeit, das Wirtschaftssystem weltweit durchzusetzen. Bisher ist es weder allgemein in der Politik noch in der Umweltpolitik im Rahmen der Vereinten Nationen gelungen, weltweit einheitliches Handeln zu erwirken. Insbesondere die vielen umweltpolitischen Tagungen und Konferenzen zeigen, wie schwer es ist, weltweit einheitliches Verhalten und Handeln herbeizuführen. Es müssen zu viele Kompromisse geschlossen werden, um auf diesen Konferenzen zumindest ein gemeinsames Abschlusspapier zu verabschieden.

Es wird wohl noch einige Zeit dauern, bis sich weltweit die Erkenntnis durchgesetzt hat, dass die Welt nur noch durch gemeinsames Handeln zu retten ist. In der Zwischenzeit sollte nicht vergessen werden, die Durchsetzung der weltweiten Nachhaltigkeit in den Bereichen Soziales, Umwelt und Ökonomie immer wieder zu fordern.

Auf die Grundzüge der nachhaltigen Marktwirtschaft[86] ist im Folgenden einzugehen.

3.1 Im Gleichgewicht werden die Ziele der Ökonomie und der Nachhaltigkeit verwirklicht

Die Nachhaltigkeitsforderung besteht in der Idee, weltweit Gleichgewichte im sozialen, ökologischen und ökonomischen Bereich herzustellen. Diese Forderung deckt sich mit einer alten Forderung der Ökonomie, Marktgleichgewichte zu verwirklichen. Die Forderungen sind nicht nur deckungsgleich, sondern können auch gemeinsam durchgesetzt werden. Es lässt sich zeigen, dass im mengen- und wertbezogenen Gleichgewicht der Wirtschaftseinheiten, die Märkte im Gleichgewicht sind und die ökonomische Nachhaltigkeit, das Gleichgewicht zwischen „Arm“ und „Reich“, verwirklicht sind.[87]

In Abb. 13 sind eine Gleichgewichtssituation für ein Unternehmen bzw. einen Markt in einem traditionellen und in einem nachhaltigen Wirtschaftssystem dargestellt. Für ein traditionelles Wirtschaftssystem wird die Angebots- und Nachfragesituation in einem Koordinatenkreuz mit einer Preis- (p) und einer Men-

---

[86] Vgl. Witte, H.: Die nachhaltige Marktwirtschaft …
[87] Vgl. Witte, H.: Die nachhaltige Marktwirtschaft, S. 124 - 144

genachse (x) dargestellt. Mit sinkendem Preis (p) steigt die Nachfrage (x). Das Verhältnis von Preis und Menge wird mit Hilfe einer Nachfrage- bzw. Preis-Absatzkurve veranschaulicht. In Abb. 13 wurde zur Vereinfachung der Zusammenhänge eine Nachfragekurve gewählt, die bei einem maximalen Preis (Prohibitivpreis) von zehn (10) Geldeinheiten eine Absatzmenge von null (0) Mengeneinheiten und bei einem Preis von null (0) die maximale Absatzmenge (Sättigungsmenge) von zehn (10) Mengeneinheiten anzeigt.

Abb. 13: Darstellung eines Gleichgewichts bei traditionellem Wirtschaftssystem und bei nachhaltigem Wirtschaftssystem

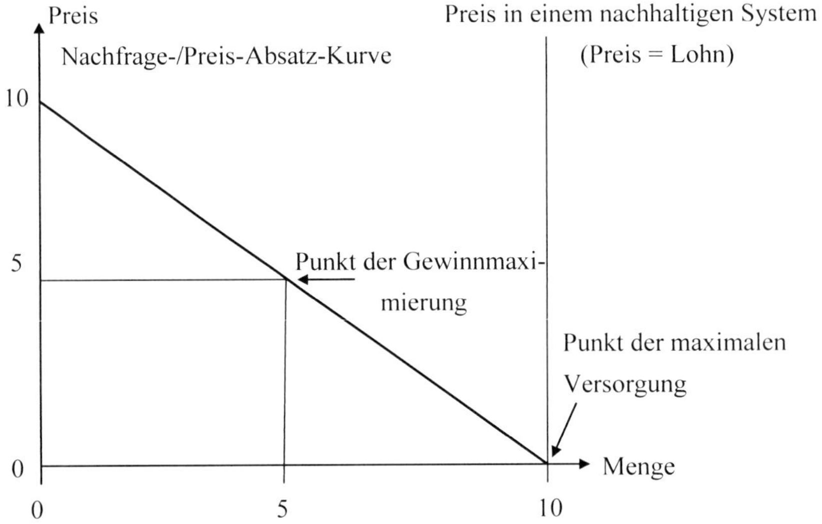

Quelle: eigene Darstellung

Die beste mögliche Situation für ein Unternehmen ergibt sich bei der dargestellten Nachfragekurve bei einem Preis von fünf (5) Geldeinheiten und einer Absatzmenge von fünf (5) Mengeneinheiten. Diese Erkenntnis lässt sich aus der Gewinnformel ableiten:

(7) $G = E - K$ mit $E = p \bullet x$

mit

G = Gewinn
E = Erlös
K = Kosten
p = Preis
x = Absatzmenge

Setzt man in Gleichung (7) Zahlen ein, so zeigt sich für die nach der Nachfragekurve möglichen Preis-Mengen-Verhältnisse die beste Situation bei einem Preis von fünf (5) Geldeinheiten und einer Absatzmenge von fünf (5) Mengeneinheiten:

(8) $G = 2 \bullet 8 - K = 16 - K$

(9) $G = 7 \bullet 3 - K = 21 - K$

(10) $G = 5 \bullet 5 = 25 - K$

Es zeigt sich, dass der höchste Erlös (maximaler Erlös) in der in Gleichung (10) dargestellten Konstellation verwirklicht wird. Ein rational handelndes Unternehmen wird folglich die Konstellation anstreben und zur Gewinnmaximierung die Kosten minimieren. Das wertbezogene Gleichgewicht für ein Unternehmen bzw. einen Markt ist dann gegeben, wenn die Kosten gleich dem Erlös (K = E) sind. Das Unternehmen macht dann keinen Gewinn aber auch keinen Verlust bzw. es wird auf dem Markt kein Gewinn erzielt aber auch kein Verlust gemacht.

Der Punkt auf der Nachfragekurve der als Punkt der Gewinnmaximierung bezeichnet wird (vgl. Abb. 13) kann ohne Kostenminimierung auch zum Gleichgewichtspunkt werden. Der Gleichgewichtspunkt hat allerdings einen deutlichen Nachteil, er identifiziert nur ein wertbezogenes Gleichgewicht für das Unternehmen bzw. den Markt. Es besteht kein mengenbezogenes Gleichgewicht, da lediglich die halbe Sättigungsmenge auf den Markt gebracht wird. Die Nachfrager werden also nicht optimal versorgt. Für die Nachfrager ist weder ein wert- noch ein mengenbezogenes Gleichgewicht realisiert. Die Möglichkeit, ein wert- und mengenbezogenes Gleichgewicht für die Nachfrager zu verwirklichen, wird in der Darstellung eines traditionellen Wirtschaftssystems nicht einbezogen bzw. erörtert. Es kann maximal ein wertbezogenes Gleichgewicht für das Unternehmen bzw. den Markt erreicht werden.

Anders ist die Situation in einem nachhaltigen Wirtschaftssystem. In einem nachhaltigen Wirtschaftssystem wird zunächst die zur Erfüllung der Nachfrage notwendige Sättigungsmenge ermittelt und für die Produktion vorgegeben. Danach werden der Preis pro Mengeneinheit und der Lohn pro Mitarbeiter nach der Lohn-Preis-Regel so festgelegt, dass sich das produzierende Unternehmen und auch die Nachfrager in einem mengen- und wertbezogenen Gleichgewicht befinden. Der Gleichgewichtspunkt ist der Punkt der maximalen Versorgung (vgl. Abb. 13). Aus Abb. 13 ist zu erkennen, dass der Gleichgewichtspunkt bei einem Preis und einem Lohn von null (0) Geldeinheiten verwirklicht wird. Der Gleichgewichtspunkt wird aber auch bei jedem höheren Preis realisiert, wenn der Lohn entsprechend der Lohn-Preis-Regel festgelegt wird (Preis pro Mengeneinheit gleich Lohn pro Nachfrager). Jeder Nachfrager verdient so viel, dass er das produzierte Gut kaufen kann.[88]

---

[88] Vgl. Witte, H.: Die nachhaltige Marktwirtschaft, S. 125 – 144; Witte, H.: Das Lingener Gleichgewichtsmodell, S. 166, 181 f., 223

Als Fazit ist festzuhalten, dass bei Anwendung der Lohn-Preis-Regel in einem nachhaltigen Wirtschaftssystem die Höhe der Preise im Prinzip keine ökonomische Bedeutung hat, sondern nur für die Psyche der Unternehmer. Ökonomisch von Bedeutung ist die Verwirklichung von mengen- und wertbezogenen Gleichgewichten. Die werden aber auch bei Preisen von null (0) realisiert.

3.2 Der Staat muss die Rahmenbedingungen schaffen, um Gleichgewichte herzustellen

Die nachhaltige Marktwirtschaft entspricht der allgemein akzeptierten Forderung, dass der Staat bzw. die staatliche Wirtschaftspolitik die Rahmenbedingungen für den Markt herzustellen hat und nicht durch Interventionen/Regulierungen in den Markt eingreifen soll. Für die Verwirklichung einer nachhaltigen Marktwirtschaft bzw. eines nachhaltigen Wirtschaftssystems kann der Staat bzw. die staatliche Wirtschaftspolitik allen Wirtschaftseinheiten die Kooperation als Verhaltensweise, die Produktionsmengen und die Lohn-Preis-Regel vorgeben. Es können mit diesen Vorgaben mengen- und wertbezogene Gleichgewichte und die ökonomische Nachhaltigkeit verwirklicht werden. In der freien und in der Sozialen Marktwirtschaft existieren hingegen keine solchen Vorgaben. Es wird stattdessen mit mehr oder weniger Erfolg versucht, Wettbewerbsbeschränkungen und marktbeherrschende Stellungen zu verhindern. Die Verwirklichung von mengen- und wertbezogenen Gleichgewichten und der ökonomischen Nachhaltigkeit sind nicht konkrete Ziele und können nicht realisiert werden bzw. werden nicht realisiert. Zudem zieht der Staat immer mehr Aufgaben an sich, so dass keine reine Privatwirtschaft vorliegt. Die Gefahr der Verwässerung einer reinen Privatwirtschaft besteht bei einem nachhaltigen Wirtschaftssystem nicht.

3.3 Die Unternehmen müssen die Gleichgewichte herstellen

Mit Hilfe der vom Staat bzw. der staatlichen Wirtschaftspolitik vorgegebenen Leitlinien zur nachhaltigen Marktwirtschaft (s.o.) können die Unternehmen in Kooperation bzw. alle Wirtschaftseinheiten mengen- und wertbezogene Gleichgewichte verwirklichen. Dies erfolgt ohne Interventionen der staatlichen Wirtschaftspolitik in den Markt. Die Wirtschaftseinheiten können die Gleichgewichte herstellen, da die Leitlinien einfach sind und die Wirtschaftseinheiten die notwendigen Informationen besitzen. Leitlinien, die sich aus komplexen Wirtschaftsmodellen ergeben, wie die Verwirklichung eines Preissimplex etc., dürften die nicht entsprechend mathematisch ausgebildeten Wirtschaftseinheiten kaum oder gar nicht umsetzen können.

Teil 7: Schlussbemerkungen

Abschließend sollen die wichtigsten Erkenntnisse aus den vorhergehenden Teilen zusammengefasst werden. Es ist dabei zu betonen wie wichtig eine (staatliche) Wirtschaftspolitik ist, die ökonomisches Wissen mit naturwissenschaftlichen Erkenntnissen kombiniert, um eine nachhaltige, effektive und effiziente Volkswirtschaft zu gestalten, die den maximalen Wohlstand und die Nachhaltigkeit im Sinne der Vereinten Nationen gewährleistet. Ein Wirtschaften im Einklang mit der Natur erfordert nicht nur die Ziele der Nachhaltigkeit zu verwirklichen, sondern auch die Berücksichtigung der Auswirkungen aller in einer Volkswirtschaft ablaufenden Prozesse auf die sich in der Natur abspielenden Prozesse. Negative Rückwirkungen der Beeinträchtigung der Naturprozesse durch die in der Volkswirtschaft ablaufenden Prozesse sind zu vermeiden, um Effektivitäts-, Effizienz- und Wohlstandsverluste durch diese Rückwirkungen zu verhindern.

1. Die Realisierung der ökonomischen Nachhaltigkeit ist Voraussetzung für die Realisierung der sozialen und ökologischen Nachhaltigkeit

Das Stufenmodell zur Verwirklichung der Nachhaltigkeit zeigt, dass die Realisierung der ökonomischen Nachhaltigkeit Voraussetzung für die Verwirklichung der sozialen und der ökologischen Nachhaltigkeit ist. In einem auf unvollkommenen Wettbewerb und Gewinnmaximierung ausgelegten Wirtschaftssystem kann diese Voraussetzung nicht erfüllt werden. Wettbewerb und Gewinnmaximierung verhindern die totale Verwirklichung der sozialen und ökologischen Nachhaltigkeit, deren partielle Verwirklichung in vielen Volkswirtschaften bereits angestrebt wird. Erst, wenn durch die Verwirklichung der ökonomischen Nachhaltigkeit in einem auf Kooperation und die Lohn-Preis-Regel basiertem Wirtschaftssystem mengen- und wertbezogene Gleichgewichte für alle Wirtschaftseinheiten und Märkte durchgesetzt werden, können mit der Verwirklichung der ökonomischen Nachhaltigkeit auch die soziale und die ökologische Nachhaltigkeit total realisiert werden. Weder Wettbewerb noch Gewinnmaximierung stehen dem im Wege.

2. Ein nachhaltiges Wirtschaftssystem ermöglicht eine nachhaltige Wirtschaftspolitik

In einem nachhaltigen Wirtschaftssystem ist eine nachhaltige Wirtschaftspolitik möglich, die nicht nur an den Komponenten der Nachhaltigkeit im Sinne der Vereinten Nationen, der sozialen, der ökologischen und der ökonomischen Nachhaltigkeit orientiert ist, sondern auch an der Berücksichtigung der in der Natur ablaufenden Prozesse. Eine negative Beeinflussung dieser Prozesse durch in der Volkswirtschaft ablaufende Prozesse ist durch die (staatliche) Wirtschaftspolitik zu verhindern. Die Auswirkungen der negativen Beeinflussung der Naturprozesse durch in der Volkswirtschaft ablaufende Prozesse führen zu

Effektivitäts-, Effizienz und Wohlstandsverlusten. Diese Verluste sind zu vermeiden, um eine optimale Volkswirtschaft in einer nicht geschädigten Natur und damit die bestmöglichen Lebensbedingungen für die Bürger einer Volkswirtschaft bzw. aller Menschen auf der Welt zu verwirklichen.

3. Eine nachhaltige Wirtschaftspolitik sichert eine langfristig konstante, von den Bürgern akzeptierte Wirtschaftssituation

Eine nachhaltige Wirtschaftspolitik sichert mit mengen- und wertbezogenen Gleichgewichten aller Wirtschaftseinheiten und Märkte langfristig eine konstante Wirtschaftssituation, die alle Bürger akzeptieren können. Kein Bürger kann in dieser Situation mehr besser gestellt werden, ohne einen anderen schlechter zustellen. Diese Wirtschaftssituation ist Pareto-optimal. Ohne Beeinflussung von Kräften außerhalb des Wirtschaftssystems gibt es auf Dauer keine Wirtschaftskrisen. Interne, systembedingte Krisen gibt es im Gleichgewicht nicht.

4. Die Wirtschaftslage wird nur von externen Krisen beeinträchtigt

Ein nachhaltiges Wirtschaftssystem kann nur durch Kräfte von außer aus dem Gleichgewicht gebracht werden. Kräfte außerhalb des Wirtschaftssystems sind Naturkräfte, die von Erdbeben, Überschwemmungen, Pandemien etc. ausgelöst werden. Das Wirtschaftssystem wird beschädigt. Es liegt eine externe, naturbedingte Krise vor. Die Auswirkungen auf die Volkswirtschaft sind Effektivitäts-, Effizienz- und Wohlstandsverluste.

Externe Krisen werden nie ganz zu vermeiden sein, da der Mensch die Natur nicht steuern kann. Es ist aber wichtig, dass eine auf Nachhaltigkeit ausgelegte (staatliche) Wirtschaftspolitik auch die Berücksichtigung der in der Natur ablaufenden Prozesse für die Wirtschaft durchsetzt. Wenn diese Prozesse nicht berücksichtigt und durch in der Volkswirtschaft ablaufende Prozesse geschädigt werden, entstehen negative Auswirkungen auf die in der Volkswirtschaft ablaufenden Prozesse.

Eine Schädigung der Naturprozesse ist unbedingt zu vermeiden, um externe Krisen und ihre negativen Auswirkungen auf eine Volkswirtschaft nicht zu provozieren.

5. Die Verwirklichung eines nachhaltigen Wirtschaftssystems ist Aufgabe der staatlichen Wirtschaftspolitik

Die Verwirklichung eines nachhaltigen Wirtschaftssystems, das die Nachhaltigkeit im Sinne der Vereinten Nationen im Einklang mit den in der Natur ablaufenden Prozessen sichert, ist Aufgabe der staatlichen Wirtschaftspolitik. Die staatliche Wirtschaftspolitik hat den Wirtschaftseinheiten entsprechende Vorgaben zu machen. Es ist die Anwendung der Lohn-Preis-Regel vorzugeben. Zudem ist der Begriff Nachhaltigkeit im Sinne der Vereinten Nationen zu benutzten und allen Bürger ans Herz zu legen. Der Begriff muss allen Bürger – wie man im Volksmund sagt – in Fleiß und Blut übergehen.

Wichtig ist dabei eine eindeutige Benutzung des Begriffs Nachhaltigkeit. Er darf nicht zu einem Modewort (catch-word) werden, das jeder Bürger anders interpretiert und so in seinen Sprachgebrach einbaut. Es ist ein Konzept zu entwickeln, wie der bereits eingesetzte Prozess, den Begriff Nachhaltigkeit zum Allerweltswort zu machen, gestoppt werden kann.

6. Wirtschaftspolitik ist eine komplexe und schwierige Aufgabe, die mit der Tätigkeit eines Jongleurs verglichen werden kann

Abschließend ist anzumerken, dass (staatliche) Wirtschaftspolitik eine komplexe und daher schwierige Aufgabe ist. Es wurde im vorliegenden Zusammenhang gezeigt, wie viele Dinge für die Durchsetzung einer optimalen (staatlichen) Wirtschaftspolitik zu berücksichtigen sind. Die (staatliche) Wirtschaftspolitik wird zudem durch die unterschiedlichen Meinungen in Wissenschaft, Wirtschaft, Politik, Medien und Bürgertum komplex. Ferner sind auch die Meinungen in anderen Staaten zu berücksichtigen, da sich keine Volkswirtschaft frei von Wirtschaftsbeziehungen zu anderen Volkswirtschaften machen kann.

Häufig wird daher die (staatliche) Wirtschaftspolitik auch mit der Tätigkeit eines Jongleurs verglichen. Allerdings benutzt der Jongleur deutlich weniger Bälle, Keulen oder andere Gegenstände für seine Tätigkeit. Theorie ist dagegen leicht, weil sie durch bestimmte Annahmen vereinfachen kann. Die (staatliche) Wirtschaftspolitik sollte hingegen nicht vereinfachen. Die Folgen sind aus dem vorgehenden Text ableitbar.

Die Schwierigkeit, (staatliche) Wirtschaftspolitik zu betreiben, hat Seraphim mit folgender Formulierung noch milde ausgedrückt: „Die Königin der sozialökonomischen Teildisziplinen ist ... die Theorie. Aber ihre Krönung ist die Politik, ...“[89]

7. Aufgaben der staatlichen Wirtschaftspolitik zur Sicherung von künftigem Wohlstand

Ein Ausblick in die Zukunft auf der Basis der aktuellen Wirtschaftslage zeigt die Aufgaben der staatlichen Wirtschaftspolitik auf. Die Aufgabe der staatlichen Wirtschaftspolitik wurde eingangs mit der Festlegung der Rahmenbedingungen des Wirtschaftssystems beschrieben, um die Funktionsfähigkeit der Wirtschaft und Wohlstand für die Bürger zu garantieren. Der Blick in die Geschichte zeigt, dass sich die Lebensbedingungen und der Wohlstand bzw. die Wohlstandssteigerung durch technischen Fortschritt der in Innovationen umgesetzt wurde, verbessert haben.

Eine wesentliche Komponente der Wohlstandssteigerung war der technische Fortschritt im Verkehrssektor. Neue, bessere Verkehrsmittel haben im Laufe der

[89] Seraphim, H.-J.: Theorie ..., S. 18

Geschichte mehrfach die Bedingungen zur Schaffung von Wohlstand verbessert. Diese Entwicklung zeigt sich einerseits deutlich an der wirtschaftlichen Entwicklung von Staaten, die diese Verkehrstechnologien zu Innvotationen machten. Andererseits zeigt sich die Bedeutung des Verkehrssystems am Wohlstandsverlust in den Staaten, die die technischen Neuerungen im Verkehrssektor nicht nutzten bzw. nicht rechtzeitig umsetzen. In diesem Rahmen kann nicht auf die Entwicklung der Verkehrsmittel und ihren Einfluss auf die wirtschaftliche Entwicklung näher eingegangen werden. Es muss ein Hinweis auf die Spezialliteratur ausreichen.[90]

Eine weitere wichtige Komponente für wirtschaftlichen Erfolg und Schaffung von Wohlstand ist die Versorgung der Wirtschaftseinheiten mit Energie. Die Gewinnung von Energie muss effektiv und effizient sein. Energiegewinnung, für die bei ihrer Gewinnung mehr Energie verbraucht wird als später genutzt werden kann, ist ineffektiv und ineffizient. Je günstiger das Verhältnis von eingesetzter und nutzbarer Energie ist, desto effektiver und effizienter ist die Energiegewinnung. Die Wohlstandssteigerung steigt mit der Effektivität und der Effizienz der Energiegewinnung. Die Effektivität und die Effizienz der Energiegewinnung haben sich mit der Entwicklung vom Holz als Energieträger, über die Kohle und andere fossile Energieträger bis zur Atomkraft als Energieträger stets verbessert. Wenn man Experten Glauben schenken kann, sinkt die Effektivität und Effizienz wieder mit der Nutzung von Sonnen-, Wind-, Wasser- und Wasserstoff als Energieträger. Allerdings haben die neuen Energieträger Vorteile bei der Risiko- und Umweltkomponente. Ob ein wirtschaftlicher Aufschwung mit den neuen Energieträgern möglich ist, muss sich erst noch zeigen. Zumindest sprechen die deutlich höheren Kosten für diese Energieträger nicht unbedingt für die Entfachung eines Wirtschaftsaufschwungs.

Eine dritte Komponente der Schaffung von Wohlstand sind die Produktionstechnologien. Im Laufe der Geschichte hat der Mensch immer bessere Produktionstechnologien entwickelt, die eine größere Produktionsmenge mit höherer Qualität produzieren. Die Wirtschaftskraft und der Wohlstand wurden erhöht. Deutlich zu beobachten sind diese Effekte u.a. am Beispiel der "industriellen Revolution". Die Entwicklung der Produktionstechnologien steht in der Regel im Zusammenhang mit der Erschließung und Nutzung neuer Energieträger. Die von den Produktionstechnologien verursachten Umwelteinflüsse sind meist abhängig von dem genutzten Energieträger.

Eine vierte wichtige Komponente für die Schaffung von Wohlstand ist die Informationstechnologie. Mit der Verbesserung der Informationstechnologien hat sich die Wirtschaftskraft entwickelt und es wurde mehr Wohlstand geschaffen. Die Entwicklung der Informationstechnologie lässt sich kurz beschreiben mit den Worten von der Trommel über die Brieftaube zum Internet. Auch die Ent-

---

[90] Vgl. Voigt, F.: Verkehr, 2. Bd., Berlin 1965, insbes. 2. Hälfte, S. 1051 - 1326

wicklung der Informationstechnologien und die von ihnen ausgehenden Umwelteinflüsse sind vom genutzten Energieträger anhängig.

Die vier aufgezeigten Komponenten für wirtschaftlichen Aufschwung und Wohlstand sind zwar wichtig und notwendig, aber keinesfalls hinreichend. Die Komponente Mensch ist auf jeden Fall noch zu berücksichtigen, da der Mensch die Chancen für Verbesserungen erkennen und nutzen muss.

Die Aufgabe der staatlichen Wirtschaftspolitik kann nur erfüllt werden, wenn die staatliche Wirtschaftspolitik offen ist für die Durchsetzung von technischen Neuerungen und nicht versucht, alte, ineffektive, ineffiziente und ökologisch nicht nachhaltige Systeme mit Subventionen am Markt zu halten.

Die Sicherung des künftigen Wohlstands ist nur möglich mit der Realisierung (1) effektiver, effizienter und ökologisch-nachhaltiger Energieträger, (2) effektiven, effizienten und ökologisch-nachhaltigen Produktionstechnologien, (3) effektiven, effizienten und ökologisch-nachhaltigen Verkehrsmitteln, (4) effektiven, effizienten ökologisch-nachhaltigen Informationssystemen und (5) motivierten Bürgern.

Die Voraussetzungen zur Verwirklichung diese fünf minimalen Komponenten für die Sicherung des künftigen Wohlstands hat die staatliche Wirtschaft zu schaffen. Dabei gilt ein Leitsatz:

Keine Schaffung von Wirtschaftswundern einzelner Staaten!

Wirtschaftswunder haben einen Nachteil, sie machen neidisch und lösen bei anderen Staaten Zerstörungsaktivitäten aus. Bürger anderer Staaten möchten am Wirtschaftswunder teilhaben; sie lösen Flüchtlingsströme aus. Beide Wirkungen haben unkontrollierbare und nicht gewünschte Folgen. Wohlstand muss künftig in einem Staat und weltweit einigermaßen gleich verteilt sein. Der Verteilungskoeffizient (Gini-Koeffizient) sollte bei 0,13 lieg. Eine gleiche Verteilung von Einkommen, Vermögen und Wohlstand ist auch in einem nachhaltigen Wirtschaftssystem nicht möglich (s.o).

Anhänge

Anhang 1: Darstellung der Berechnung der Werte für den Gesamtzielerreichungsgrad bei additiver und multiplikativer Verknüpfung der Zielerreichungsgrade

Zur Darstellung der berechneten Werte des Wohlstands bei additiver und multiplikativer Verknüpfung der Zielerreichungsgrade wird auf die obigen Gleichungen (2) und (3), hier als Gleichung (11) und (12) bezeichnet, zurückgegriffen und anhand ausgewählter Zielerreichungsgrade der gesamte Zielerreichungsgrad bzw. der Wert für den realisierten Wohlstand berechnet (vgl. Tab. 1 und 2):

(11) $WS = ZEG_1 + \ldots + ZEG_n / 1 \bullet n$ für $0 \leq WS \leq 1$ bzw. $0 \leq WS \leq 100$; $0 \leq ZEG \leq 1$ bzw. $0 \leq ZEG \leq 100$;

(12) $WS = \sqrt[n]{(ZEG_1 \bullet \ldots \bullet ZEG_n)}$ für $0 \leq WS \leq 1$; $0 \leq ZEG \leq 1$; $0 \leq WS \leq 100$; $0 \leq ZEG \leq 100$

mit

WS = Wohlstand; $0 \leq WS \leq 1$ bzw. $0 \leq WS \leq 100$
ZEG_1 = Zielerreichungsgrad des Ziels 1; $0 \leq ZEG_1 \leq 1$ bzw. $0 \leq ZEG_1 \leq 100$ (etc. bis Ziel n)
n = Anzahl der Ziele

Die Tab. 1 und 2 zeigen, dass es keine Unterschiede in den Ergebnissen gibt, gleich, ob man im Wertebereich zwischen null (0) und eins (1) oder im Wertebereich zwischen null Prozent (0) und hundert Prozent (100) arbeitet. Die Ergebnisse unterscheiden sich nur hinsichtlich der Wertebereiche, die durch Transformation angepasst werden können. Auch hinsichtlich der Anwendung der additiven und multiplikativen Verknüpfung der Werte gibt es im Endergebnis (in der Rangfolge) keine Unterschiede. Das muss nach den Regeln der Mathematik auch so sein. Es wird mit ausgewählten Werten gearbeitet, die keine Messfehler aufweisen. Aussagen über mögliche Spezifikationsfehler sind nicht möglich. Spezifikationsfehler entstehen durch das angewandte Modell, hier die additive oder multiplikative Verknüpfung der Werte, hinsichtlich der Anpassung des Modells an die Realität.[91] Die Anpassung der Verknüpfungsform an die Realität kann mit den ausgewählten Werten nicht demonstriert werden. Spezifikationsfehler liegen in den ausgewählten Werten nicht vor.

---

[91] Witte, H.: Aspekte einer dynamischen Nutzwertanalyse unter Fehlerbetrachtung, S. 495 – 500

Tab. 1: Berechnung des Wohlstands bei alternativen Verknüpfungen der einzelnen Zielerreichungsgrade bei zwei Zielen bzw. Zielerreichungsgraden

angewandte Gleichung	**Zielerreichungsgrade** **0 0,5 1** **0 50 100 Prozent**	**berechneter Wohlstand**
(11)	0 + 0 = 0 / 2 = 0	0
(11)	0,5 + 0,5 = 1,0 / 2 = 0,5	0,5
(11)	1 + 1 = 2 / 2 = 1	1
(11)	0 Prozent + 0 Prozent = 0 Prozent	0
(11)	50 Prozent + 50 Prozent = 100 / 2 = 50 Prozent	50
(11)	100 Prozent + 100 Prozent= 100 / 2 = 100 Prozent	100
(12)	0 • 0 = √ 0 = 0	0
(12)	0,5 • 0,5 = 0,25; √ 0,25 = 0,5	0,5
(12)	1,0 • 1,0 = √ 1 = 1	1
(12)	0 • 0 = 0; √ 0 = 0	0
(12)	50 • 50 = 2.500; $\sqrt{25.000}$ = 50	50
(12)	100 • 100 = 10.000; $\sqrt{100.000}$ = 100	100

Quelle: eigene Berechnungen

Tab. 2: Berechnung des Wohlstands bei alternativen Verknüpfungen der einzelnen Zielerreichungsgrade bei drei Zielen bzw. Zielerreichungsgraden

angewandte Gleichung	**Zielerreichungsgrade** **0 0,4 0,5 1** **0 40 50 100 Prozent**	**berechneter Wohlstand**
(11)	0 + 0 + = 0 / 3 = 0	0
(11)	0,4 + 0,4 + 0,4 = 1,2 / 3 = 0,4	0,4
(11)	0,5 + 0,5 + 0, 5 = 1,5 / 3 = 0,5	0,5
(11)	1 + 1 + 1 = 3 / 3 = 1	1
(11)	0 Prozent + 0 Prozent + 0 Prozent = 0 Prozent	0
(11)	40 Prozent + 40 Prozent + 40 Prozent = 120 /3 = 40 Prozent	40
(11)	50 Prozent + 50 Prozent = 150 / 3 = 50 Prozent	50
(11)	100 Prozent + 100 Prozent + 100 Prozent = 300 / 3 = 100 Prozent	100
(12)	$0 \bullet 0 \bullet 0 = \sqrt{0} = 0$	0
(12)	$0,4 \bullet 0,4 \bullet 0,4 = 0,064; \sqrt[3]{0,064} = 0,4$	0,4
(12)	$0,5 \bullet 0,5 \bullet 0,5 = 0,125; \sqrt[3]{0,125} = 0,5$	0,5
(12)	$1,0 \bullet 1,0 \bullet 1,0 = \sqrt[3]{1} = 1$	1
(12)	$0 \bullet 0 \bullet 0 = 0; \sqrt[3]{0} = 0$	0
(12)	$40 \bullet 40 \bullet 40 = 64.000; \sqrt[3]{64.000} = 40$	40
(12)	$50 \bullet 50 \bullet 50 = 125.000; \sqrt[3]{125.000} = 50$	50
(12)	$100 \bullet 100 \bullet 100 = 10.000; \sqrt[3]{1.000.000} = 100$	100

Quelle: eigene Berechnungen

Anhang 2: Berechnung der Zielbeziehungen bei Abhängigkeit der Ziele

Zur Analyse der Zielbeziehungen geht man von einer Zielbeziehungsmatrix aus. Ein Beispiel für eine Zielbeziehungsmatrix mit 10 Zielen ist in Tab. 3 dargestellt.

Tab. 3: Beispiel einer Zielbeziehungsmatrix für zehn Ziele

Ziele	1	2	3	4	5	6	7	8	9	10	$\sum$
1	-	x	x	x	x	x	x	X	x	x	9
2	x	-	x	x	x	x	x	X	x	x	9
3	x	x	-	x	x	x	x	X	x	x	9
4	x	x	x	-	x	x	x	X	x	x	9
5	x	x	x	x	-	x	x	X	x	x	9
6	x	x	x	x	x	-	x	X	x	x	9
7	x	x	x	x	x	x	-	X	x	x	9
8	x	x	x	x	x	x		-	x	x	9
9	x	x	x	x	x	x	x	X	-	x	9
10	x	x	x	x	x	x	x	X	x	-	9
$\sum$											90

Quelle: eigene Darstellung

In der Tab. 3 sind zehn Ziele in der Horizontalen und in der Vertikalen der Matrix dargestellt. Die Zielbeziehungen sind mit x gekennzeichnet. Eine Zielbeziehung zu einem Ziel mit sich selbst gibt es nicht. Die Unmöglichkeit ist mit einem waagerechten Strich kenntlich gemacht. Aus der Matrix erkennt man, dass es bei zwei Zielen zwei Zielbeziehungen gibt: z.B. eine von Ziel 1 zu Ziel 2 und eine von Ziel 2 zu Ziel 1. Die Zielbeziehungen müssen nicht gleich stark und auch nicht die gleiche Ausprägung (s.u.) haben. In der letzten Spalte der Matrix ist die Summe der Zielbeziehungen eingetragen. Bei zehn Zielen gibt es 90 Zielbeziehungen ($10 \bullet 9 = 90$). Aus dem Ergebnis lässt sich folgende Formel zur Berechnung der Anzahl der Zielbeziehungen ableiten:

(13) $ZB = n \bullet n\text{-}1$

mit

ZB = Zielbeziehungen
n = Anzahl der Ziele

Mit Hilfe der Formel (13) wurde Tab. 4 erstellt. Die Tab. 4 zeigt die Anzahl der Zielbeziehungen von einem Ziel bis zu zehn Zielen auf. Bei einem Ziel gibt es logischerweise keine Zielbeziehung (ZB = 0). Für sechs (6) Ziele existieren bereits dreißig Zielbeziehungen (ZB = 30).

Tab. 4: Anzahl der Zielbeziehungen bei steigender Anzahl der Ziele

Anzahl der Ziele	**Anzahl der Zielbeziehungen**
1	0
2	2
3	6
4	12
5	20
6	30
7	42
8	56
9	72
10	90

Quelle: eigene Berechnungen

Die Zielbeziehungen können unterschiedliche Ausprägungen haben. Man unterscheidet zwischen (1) Identität, (2) Harmonie, (3) Neutralität, (4) Widersprüchlichkeit und (5) Kontradiktion. Identität der Zielbeziehung besteht bei inhaltlich gleichen aber unterschiedlich ausformulierten Zielen. Harmonie der Ziele liegt vor, wenn ein Ziel die Erreichung eines anderen Ziels unterstützt bzw. begünstigt. Von Neutralität spricht man, wenn die Umsetzung eines Ziels von einem anderen Ziel weder begünstigt noch beeinträchtigt wird. Die Widersprüchlichkeit zweier Ziele existiert, wenn die Ziele partiell miteinander konkurrieren, sich partiell beeinträchtigen, aber nicht total miteinander konfrontieren. Konfrontation von Zielen gibt es, wenn die Ziele nicht miteinander kompatibel sind und nur das eine oder das andere erreicht werden kann.

Die unterschiedlichen Zielbeziehungen erschweren neben der Vielzahl der Zielbeziehungen die empirische Erforschung der Zielbeziehungen. Für die hier aufgestellte Liste der Instrumente der (staatlichen) Wirtschaftspolitik (vgl. Tab. 5) sind die Zielbeziehungen in der folgenden Matrix dargestellt (vgl. Tab. 6). Um die Matrix nicht zu groß anzulegen, sind die Instrumente einerseits nummeriert worden und andererseits wird auf die Unterscheidung von Instrumenten für die nationale und die internationale Ebene verzichtet, da die Instrumente den gleichen inhaltlichen Bezug haben und sich nur hinsichtlich des nationalen und internationalen Bezugs unterscheiden (vgl. Tab. 6).

Die reduzierte Liste der Instrumente weist 10 Instrumente auf. Damit ergeben sich 90 zu analysierende Wirkungsbeziehungen (vgl. Tab. 6). Ohne die Zusammenlegung der Instrumente mit Bezug auf die nationale und die internationale Ebene ergeben sich 17 Instrumente und bereits 272 Wirkungsbeziehungen der Instrumente.

Tab. 5: Reduzierte und nummerierte Liste der Instrumente der (staatlichen) Wirtschaftspolitik

mit Bezug auf die nationale Ebene	zur Realisierung von Gleichgewichten
zur Schaffung	durch
(1) einer Staatsverfassung	(8) monetäre I.
(2) einer Produktionsverfassung	(9) quantitätsbezogene I.
(3) einer Marktverfassung	(10) fiskalische I.
(4) einer Geldverfassung	
(5) einer Finanzverfassung	
(6) einer Sozialverfassung	
(7) einer Umweltschutzverfassung	
mit Bezug auf die internationale Ebene	
zur Schaffung	
(1) von internationalen Verträgen	
(2) einer internationalen Produktionsverfassung	
(3) einer internationalen Marktverfassung	
(4) einer internationalen Geldverfassung	
(5) einer internationalen Finanzverfassung	
(6) einer internationalen Sozialverfassung	
(7) einer internationalen Umweltschutzverfassung	

Quelle: eigene Darstellung nach Abb. 6

Tab. 6: Wirkungsbeziehungsmatrix für zehn Instrumente

Ziele	1	2	3	4	5	6	7	8	9	10	∑
1	-	x	x	x	x	X	x	x	x	x	9
2	x	-	x	x	x	X	x	x	x	x	9
3	x	x	-	x	x	X	x	x	x	x	9
4	x	x	x	-	x	X	x	x	x	x	9
5	x	x	x	x	-	X	x	x	x	x	9
6	x	x	x	x	x	-	x	x	x	x	9
7	x	x	x	x	x	X	-	x	x	x	9
8	x	x	x	x	x	X		-	x	x	9
9	x	x	x	x	x	X	x	x	-	x	9
10	x	x	x	x	x	X	x	x	x	-	9
∑											90

Quelle: eigene Darstellung nach Tab. 5

Anhang 3: Modelle von Aktion und Reaktion

Die Auswirkung einer Aktion, die Reaktion, wird zunächst an einem Beispiel aus der Physik beschrieben (vgl. Abb. 14). In Abb. 14 ist ein Ausgangsgleichgewicht anhand einer Kugel dargestellt. Die Kugel liegt an einer bestimmten Position. Wenn jetzt eine Kraft (Aktion) auf die Kugel wirkt, wird die Kugel aus dem Gleichgewicht gebracht und rollt aus der Ausgangsposition heraus (Reaktion). Es gibt drei Möglichkeiten für die Reaktion: (1) Die Reaktion endet, wenn die Kraft nicht mehr wirkt. Die Kugel bleibt an einer neuen Position liegen. An dieser Position hat sich ein neues Gleichgewicht ergeben. Der Weg, den die Kugel bis zur neuen Gleichgewichtsposition zurücklegt, hängt von der Stärke der Kraft ab. (2) Die Kugel rollt nach der Aktion bis in eine Mulde. Die Mulde bremst die Aktion (Kraft) ab. In der Mulde entsteht eine neue Gleichgewichtsposition. Die neue Gleichgewichtsposition ist abhängig von der Aktion (Kraft), der Entfernung der Mulde von der Ausgangsgleichgewichtsposition und der Bremswirkung der Mulde (Tiefe). (3) Die Kugel rollt gegen eine Barriere. Die Kugel bleibt an der Barriere liegen oder sie wird von der Barriere zurückrollen. Es entsteht entweder eine neue Gleichgewichtsposition an der Barriere oder in einer bestimmten Entfernung von der Barriere. Was passiert, ist von der Kraft (Aktion) und der Entfernung der Barriere von der Ausgangsgleichgewichtsposition abhängig.

Abb. 14: Modell 1 von Aktion und Reaktion

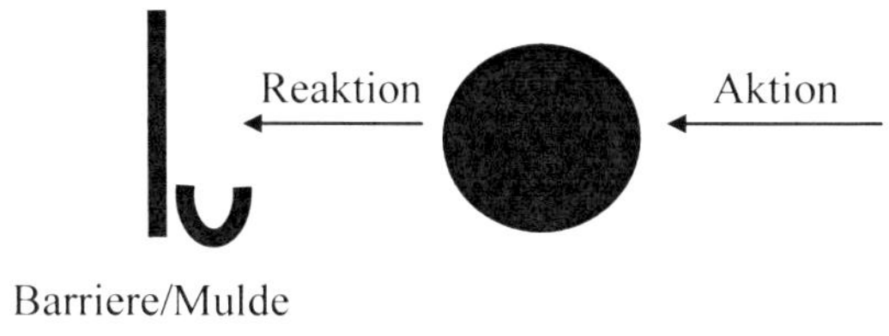

Quelle: eigene Darstellung

Für die Darstellung von Aktion und Reaktion kann noch ein zweites Modell herangezogen werden. Die Kugel liegt jetzt nicht am Boden in einem Gleichgewicht, sondern hängt an einer Befestigung an einem bestimmten Punkt und befindet sich in einem Gleichgewicht (vgl. Abb. 15). Wenn jetzt eine Kraft (Aktion) auf die Kugel wirkt, gerät die Kugel in Schwingungen. Die Kugel bewegt sich in zwei Richtungen in einer bestimmten Entfernung von der Ausgangsgleichgewichtsposition. Nach einer bestimmten Zeit nimmt die Wirkung der Kraft (Aktion) ab. Die Entfernungen der Schwingungen der Kugel von der Ausgangsgleichgewichtsposition werden immer kürzer bis sie schließlich ganz abnehmen und die alte Gleichgewichtsposition der Kugel wieder eingenommen wird. Der Pendelvorgang kann durch eine Barriere gebremst bzw. verkürzt werden.

Abb. 15: Modell 2 von Aktion und Reaktion

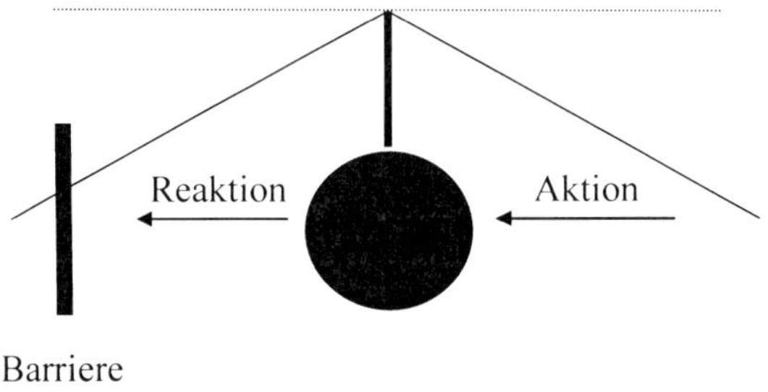

Quelle: eigene Darstellung

Die Chaos-Theorie geht von einem anderen Modell von Aktion und Reaktion aus (vgl. Abb. 16). Die Aktion beginnt in einem Gleichgewicht, das durch einen kleinen Flügelschlag gestört und dadurch eine kleine Welle auslöst wird. Diese Welle baut sich mit zunehmender Entfernung von der Position der Ausgangsaktion immer stärker auf bis schließlich als Reaktion aus einer kleinen Welle, die kaum Wirkungen zeigt, eine große alles zerstörende Welle wird.

Abb. 16: Modell 3 von Aktion und Reaktion (Chaos-Theorie)

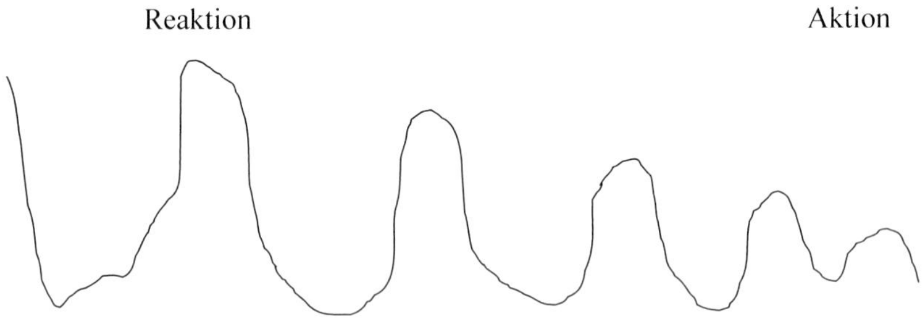

Quelle: eigene Darstellung

Schließlich soll noch ein viertes Gleichgewichtsmodell dargestellt werden. Das vierte Gleichgewichtsmodell ist das Modell Erde (vgl. Abb. 17). Die Erde ist eine schwebende Kugel, die sich um eine geneigte Achse dreht und durch Gravitationskraft im Gleichgewicht gehalten wird. Zudem gibt es auf dieser Kugel viele weitere Gleichgewichte. Man kann von einem Multi-Gleichgewichtssystem sprechen. Es handelt sich um ein komplexeres und sensibleres Gleichgewichtssystem als in den drei oben dargestellten Gleichgewichtsmodellen. Es ist bekannt, dass bereits kleine Veränderungen der Rotation der Erde zu Eiszeiten führen können. Die Auswirkungen auf die anderen Gleichgewichte sind gravierend. Aber auch die Störung der anderen Gleichgewichte kann große Auswirkungen auf das Klima auf der Erde zur Folge haben.

Abb. 17: Modell 4 von Aktion und Reaktion (Modell Erde)

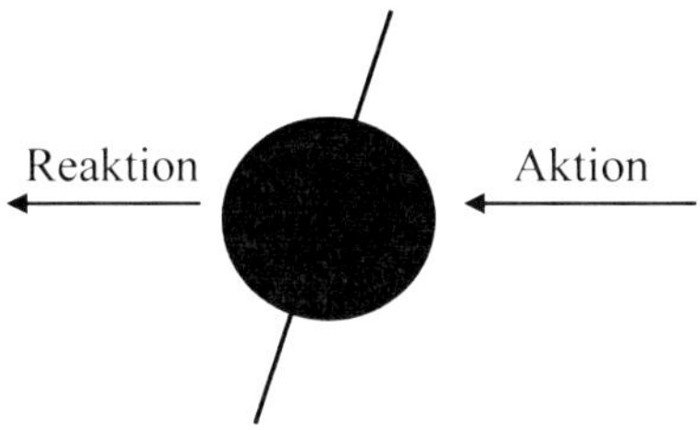

Quelle: eigene Darstellung

Ohne näher auf die auslösenden Aktionen zu diesen Veränderungen auf der Erde einzugehen, wird deutlich, dass sich die Menschen davor hüten sollten, Aktionen auszulösen, die große Auswirkungen (Reaktionen) haben können.

Im Folgenden ist zu prüfen, welche Erkenntnisse aus den vier Gleichgewichtsmodellen für die Ökonomie bzw. das Wirtschaften auf der Erde zu gewinnen sind. Die ersten drei Modelle können dazu dienen, Reaktionen zu erklären, die aus Aktionen erwachsen, die in der Ökonomie bestehende Gleichgewichte zerstören. Das vierte Modell kann Interaktionen zwischen in der Natur bestehenden Gleichgewichten und in der Ökonomie bestehenden Gleichgewichten sowie mögliche Reaktionen auf Aktionen beschreiben, die Gleichgewichte in beiden Bereichen in ein Ungleichgewicht überführen. Um die Kenntnisse aus den vier Gleichgewichtsmodellen auf die Ökonomie zu übertragen, muss auf drei unterschiedliche Modelle der Ökonomie Bezug genommen werden: (1) eine Volkswirtschaft mit vollkommener Konkurrenz (vollkommenem Wettbewerb), (2) eine Volkswirtschaft mit unvollkommener Konkurrenz (unvollkommenem Wettbewerb) und (3) eine Volkswirtschaft mit Kooperation (einem nachhaltigen Wirtschaftssystem). Da aktuell nur Volkswirtschaften mit unvollkommener Konkurrenz bestehen, wird überwiegend auf das zweite Modell der Ökonomie Bezug genommen.

Um die Erkenntnisse aus den vier Gleichgewichtsmodellen auf die Ökonomie anzuwenden, wird eine Volkswirtschaft mit unvollkommener Konkurrenz unterstellt in der alle Wirtschaftseinheiten und Märkte sich in einem mengen- und wertbezogenen Gleichgewicht befinden. In dieser Ausgangslage trifft die staatliche Wirtschaftspolitik eine Maßnahme, die die Gleichgewichte zerstört. Nach dem ersten Gleichgewichtsmodell gibt es drei Möglichkeiten: (1) Die Maßnahme wirkt bis sich die Auswirkungen der Maßnahme nach einer bestimmten Zeit abschwächen und ein neues Gleichgewicht entsteht. (2) Die Auswirkungen der Maßnahme treffen auf einen Widerstand (Barriere). Die Auswirkungen werden gebremst und es entsteht ein neues Gleichgewicht. (3) Die Auswirkungen werden von einer Senke (Mulde) gebremst und es entsteht ein neues Gleichgewicht.

Die erste Möglichkeit geht mit den Vorstellungen der Ökonomie konform. Die Ökonomie geht davon aus, dass sich durch den am Markt herrschenden Wettbewerb ein Gleichgewicht einpendelt. Diese Vorstellung hat zur Entwicklung des Modells des Spinngewerbe-Theorems[92] (cobweb theorem) geführt. Das Theorem wurde herangezogen, um u.a. den Schweine-[93], den Hopfen-[94] und den Schiffsbauzyklus[95] aufzuzeigen. Damit sich ein neues Gleichgewicht einpendelt, müssen die Angebots- und die Nachfragekurve des betrachteten Gutes (hier aller Güter auf dem Markt) in einem bestimmten Verhältnis stehen. Ansonsten erfolgt keine Annäherung an ein Gleichgewicht. Die absolute Steigung der Angebotskurve muss größer sein als die der Nachfragekurve. Die Bedingung ist gleich bedeutend mit der Forderung, dass die Preiselastizität des Angebots kleiner sein muss als die der Nachfrage. Bei gleicher absoluter Steigung der beiden Kurven erfolgt keine Bewegung zum Gleichgewicht. Wenn die absolute Steigung der Angebotskurve kleiner ist als die der Nachfragekurve setzt eine Bewegung weg vom Gleichgewicht ein. Das System explodiert. Offen bleibt eine Aussage der Ökonomie zur Dauer bis sich ein Gleichgewicht einpendelt. Im Prinzip kann es ewig dauern bis sich ein neues Gleichgewicht einstellt. Mit anderen Worten, ein zufälliges Einpendeln eines neuen Gleichgewichts ist nicht auszuschließen, aber relativ unwahrscheinlich. Anders ist das in einer nachhaltigen Volkswirtschaft mit Kooperation. Die Anwendung der Lohn-Preis-Regel führt zu einem neuen und berechenbaren Gleichgewicht.

Die zweite Möglichkeit des ersten Gleichgewichtsmodells sieht vor, dass die von der staatlichen Wirtschaftspolitik getroffene Maßnahme nach unbestimmter Zeit gegen eine Barriere stößt. Die Barriere stoppt die Auswirkungen der Maßnahme. Die Barriere in einer Volkswirtschaft kann der Widerstand der Wirtschaftseinheiten gegen die Maßnahme sein. Wenn die Barriere nicht direkt auftritt, sondern erst nach einer bestimmten Zeit, gibt es - genau wie bei Möglichkeit 1 - bei unvollkommener Konkurrenz (unvollkommenen Wettbewerb) keinen Anlass mit dem Einpendeln eines neuen Gleichgewichts zu rechnen. Nur, wenn die Auswirkungen der Maßnahme direkt gestoppt werden, bleibt das Ausgangs-

---

[92] Vgl. Ezekiel, M.: The cobweb theorem, in: The Quarterly Journal of Economics, Vol. 52 (1937/38), S. 255 – 280; Witte, H.: Das Lingener Gleichgewichtsmodell, S. 94 - 96

[93] Vgl. Hanau, A.: Die Prognose der Schweinepreise, in: Vierteljahreshefte zur Konjunkturforschung, Sonderheft 7, 2. Aufl., Berlin 1928

[94] Vgl. Jarchow, H.-J.: Der Hopfenzyklus in der Bundesrepublik (1950 – 1970) und das Spinngewebe-Theorem, in: Hesse, H. (Hrsg.): Arbeitsbuch angewandte Mikroökonomie, Tübingen 1980, S. 81 - 89

[95] Vgl. Tinbergen, J.: Ein Schiffbauzyklus? In: Weltwirtschaftliches Archiv, 34. Bd. (1931), S. 152 - 164

gleichgewicht bestehen. In einer nachhaltigen Volkswirtschaft führt die Anwendung der Lohn-Preis-Regel auch beim Auftreten der Barriere mit einer Zeitverzögerung zu einem neuen Gleichgewicht.

Die dritte Möglichkeit des ersten Gleichgewichtsmodells, dem Auftreten einer Mulde bzw. Senke, kann in der Ökonomie mit der Blockade der Auswirkungen der von der staatlichen Wirtschaftspolitik getroffenen Maßnahme durch eine frühere Maßnahme der staatlichen Wirtschaftspolitik beschrieben werden. Es gelten die für die Möglichkeit 2 gemachten Aussagen analog.

Mit dem zweiten Gleichgewichtsmodell kann die Suche der staatlichen Wirtschaftspolitik nach einer besseren Wettbewerbspolitik erklärt werden. Die Wettbewerbspolitik schwankt zwischen einer liberalen und einer dirigistischen Ausrichtung. Das Pendel schlägt mal zur einen und mal zur anderen Seite aus. Es besteht allerdings ein Unterschied zum Gleichgewichtsmodell. Im Gleichgewichtsmodell schwankt das Pendel (die Kugel) vom Gleichgewichtspunkt aus. Das ist in der Ökonomie nicht so. Da bei unvollkommener Konkurrenz (unvollkommenem Wettbewerb) bisher kein Gleichgewicht besteht - es wird noch durch die Veränderung der Wettbewerbspolitik gesucht -, pendelt die Wettbewerbspolitik um einen Ungleichgewichtspunkt. Die Barriere in der Ökonomie sind die Wirtschaftseinheiten, die anders als die staatliche Wirtschaftspolitik an der alten Ausrichtung der Wettbewerbspolitik beharren. Genau wie im ersten Gleichgewichtsmodell gibt es auch jetzt in der Ökonomie keinen Anlass mit dem Einpendeln eines Gleichgewichts zu rechnen. Lediglich in einer nachhaltigen Volkswirtschaft sind Gleichgewichte möglich.

Das dritte Gleichgewichtsmodell, das aus der Chaos-Theorie stammt, kann zur Erklärung der Turbulenzen dienen, die zwischen zwei oder mehreren Staaten entstehen können - die in der Ausgangslage im Gleichgewicht sind -, wenn intensive ökonomische Abhängigkeitsverhältnisse (Lieferbeziehungen von Rohstoffen) gestört werden. Die Störungen haben beim Lieferanten der Rohstoffe nur geringe Auswirkungen auf die Wirtschaftssituation des Landes, während die Störungen beim Abnehmerland große Auswirkungen auf die Wirtschaftslage haben. Der Effekt ist mit dem bekannten Peitschen- bzw. Bullwhip-Effekt[96] zu vergleichen, der bei Prognosefehlern zu einer Steigerung dieser Fehler in der Wertschöpfungs- bzw. Logistikkette führt. Prognosefehler in der ersten Stufe einer Kette werden von Stufe zu Stufe immer größer. Auch in diesem Fall gibt es keinen Anlass mit dem Eintreten neuer Gleichgewichte zu rechnen. Lediglich die Umstellung der Wirtschaftssysteme der betroffenen Staaten in ein nachhaltiges Wirtschaftssystem kann für Gleichgewichte sorgen.

Mit Hilfe des vierten Gleichgewichtsmodells Erde können die Wechselwirkungen zwischen dem System Natur und dem künstlichen von Menschen geschaffenem System Gesellschaft dargestellt werden.

---

[96] Vgl. Knolmayer, G./Mertens, P./Zeier, A.: Supply Chain Management auf der Basis von SAP-Systemen, Berlin u.a. 2000, S. 6 f.

Zunächst wird auf die Auswirkungen einer Störung der Gleichgewichte auf der Erde auf das System Gesellschaft, insbesondere die Ökonomie, eingegangen. Dabei ist zwischen externen und internen Störungen der Gleichgewichte zu unterscheiden. Als externe Störungen werden Störungen verstanden, die aus dem Weltall kommen, wie der Einschlag eines Meteoriten auf der Erde. Die Auswirkungen des Einschlags eines Meteoriten auf der Erde hängen von der Größe des Meteoriten und der Einschlagsstelle auf der Erde ab. Hier soll zwischen einer direkten und einer indirekten Auswirkung unterschieden werden. Zum Beispiel kann der Einschlag eines Meteoriten wichtige Teile des Systems Gesellschaft bzw. der Wirtschaft zerstören, so dass sich die in der Ausgangssituation im Gleichgewicht befindenden Systeme Gesellschaft und Wirtschaft in ein Ungleichgewicht überführt werden. Wie bereits bei den ersten drei Gleichgewichtsmodellen können die Systeme bei unvollkommenem Wettbewerb nur zufällig wieder in ein Gleichgewicht gebracht werden. Bei einem nachhaltigen Wirtschaftssystem mit Kooperation ist es hingegen möglich, wieder Gleichgewichte herzustellen. Voraussetzung ist allerdings, dass die durch den Einschlag des Meteoriten bewirkten Zerstörungen nicht so groß sind, dass keine Rettung, sprich Wiederherstellung von Gleichgewichten, mehr möglich ist. Ein Beispiel für eine indirekte Auswirkung des Einschlags eines Meteoriten auf der Erde für die Systeme Gesellschaft und Wirtschaft wäre ein verursachter Klimawandel, der als Folge auch Auswirkungen auf die Systeme Gesellschaft und Wirtschaft hat. Die Auswirkungen bringen die beiden Systeme aus dem Gleichgewicht. Zur Wiederherstellung neuer Gleichgewichte gelten die für die direkten Auswirkungen gemachten Aussagen analog.

Interne Störungen des Gleichgewichtssystems Erde sind im System bzw. von der Natur erwirkte Störungen wie Erdbeben, Stürme, Hochwasser etc. die zu Zerstörungen von Teilen des Systems führen. Je nach Stärke der Zerstörungen bzw. Auswirkungen werden naturbedingt nach einer bestimmten Zeit neue Gleichgewichte hergestellt. Die Anpassungszeit kann in bestimmten Fällen durchaus sehr lange dauern. Die durch interne Störungen angerichteten Zerstörungen und die erwirkten Ungleichgewichte haben Auswirkungen auf die Systeme Gesellschaft und Wirtschaft. Auch diese Systeme werden aus dem Gleichgewicht gebracht. Für die erneute Herstellung von Gleichgewichten gelten die oben gemachten Aussagen analog. Es ist allerdings auch möglich, dass die Zerstörungen aufgrund interner Störungen so gravierend sind, dass die Systeme Gesellschaft und Wirtschaft nicht wieder in ein Gleichgewicht überführt werden können.

Schließlich sind noch die Auswirkungen, der durch den Menschen verursachten Schäden auf das Gleichgewichtsystem Erde zu beschreiben. Dabei wird zwischen Schäden unterschieden, die allgemein aufgrund von Handlungen der Menschen und speziell aufgrund von Handlungen im Rahmen der Ökonomie entstehen. Aus dem Bereich der allgemeinen Handlungen wird hier nur auf von Menschen „angezettelte" Kriege Bezug genommen. In Kriegen werden die von der

Natur gegebene Landschaft mit den dazu gehörigen Lebewesen, die von Menschen erbauten Einrichtungen (Infrastruktur, Gebäude) und Produktionsfaktoren (Rohstoffe, Arbeitskräfte, Kapital), kurz alles was sich im Kriegsgebiet befindet, zerstört. Dabei werden Schäden in den Bereichen Boden, Luft und Wasser verursacht. Es werden Schäden an der Umwelt, an der Gesellschaft und an der Wirtschaft verursacht. Die natürlichen Gleichgewichte und die künstlich vom Menschen hergestellten Gleichgewichte werden in Ungleichgewichte transformiert. Die vom Menschen hergestellten Gleichgewichte können nach Ende eines Krieges in einer nachhaltigen Wirtschaft wieder realisiert werden. In einem Wirtschaftssystem mit unvollkommenem Wettbewerb ist das – wie oben schon mehrfach ausgeführt – nicht möglich. Die natürlichen Gleichgewichte pendeln sich nach dem Krieg wieder ein. Allerdings dauert dieser Prozess zur Herstellung neuer Gleichgewichte eine bestimmte, längere Zeit. Offen bleibt, welche nicht wieder behebbaren, langfristigen Schäden für die Umwelt und insbesondere für das Klima entstanden sind. Schäden, die in der Umwelt- und Nachhaltigkeitsdiskussion deutlich mehr Beachtung finden sollten.

Während man Kriege als unnötige und unwirtschaftliche Handlungen der Menschen bezeichnen kann, sind Handlungen im Bereich der Ökonomie als sinnvoll und lebenswichtig einzustufen. Diese positive Einschätzung darf nicht darüber hinweg täuschen, dass auch diese Handlungen im Einklang mit den natürlichen Gegebenheiten vollzogen werden müssen, um negative Auswirkungen auf das Gleichgewichtssystem Erde zu vermeiden.

Da die Ressourcen auf der Erde begrenzt bzw. knapp sind, muss die Menschheit wirtschaftlich damit umgehen. Es bedarf einer Ökonomie. Nur in einem Schlaraffenland indem alle Güter im Überfluss vorhanden sind, bedarf es keines wirtschaftlichen Verhaltens. Verschwendung hat keine Auswirkungen. Der Verbrauch von Ressourcen, die in begrenztem Ausmaß vorhanden sind, hat logischerweise Auswirkungen auf das Gleichgewichtssystem Erde. Da die Menschen ohne Ressourcenverbrauch nicht auf der Erde leben und überleben können, sind Auswirkungen auf das Gleichgewichtsystem Erde nicht zu vermeiden. Die Menschen können sich beim Verbrauch der Ressourcen nur nachhaltig verhalten. Es gilt die generelle Strategie, nur so wenig Ressourcen zu entnehmen, so dass sich die Gleichgewichte auf der Erde wieder einpendeln können. Da leider nicht alle Ressourcen nachwachsen und sich somit keine neuen Gleichgewichte einpendeln, muss die allgemeine Strategie durch eine spezielle Strategie unterstützt werden. Die spezielle Strategie lautet, dort wo es möglich ist, auf erneuerbare Ressourcen zurückzugreifen sowie bei Produktion und beim Konsum nicht verbrauchte Stoffe zu recyceln. Die Auswirkungen der Ökonomie auf das Gleichgewicht Erde lassen sich kurz zusammenfassen: (1) Es werden nicht erneuerbare Ressourcen verbraucht, (2) bei der Gewinnung einiger Ressourcen werden Umweltschäden (Boden, Luft, Wasser) verursacht, (3) bei der Weiterverarbeitung der Ressourcen entstehen Umweltschäden (Boden, Luft, Wasser), (4) beim Konsum der weiterverarbeiteten Ressourcen werden Umweltschäden

(Boden, Luft, Wasser) verursacht, (5) bei der Entsorgung der Reststoffe entstehen Umweltschäden (Boden, Luft, Wasser), (6) beim Recycling wiederverwendbarer Stoffe werden Umweltschäden (Boden, Luft, Wasser) verursacht und (7) beim Transport der Ressourcen und der weiterverarbeiteten Ressourcen entstehen Umweltschäden (Boden, Luft, Wasser).

Die aktuell sehr intensiv diskutierte Auswirkung der durch den Menschen getätigten Umweltschäden ist der Einfluss auf das Klima; es wird ein Klimawandel erwirkt. Die Zerstörung des Gleichgewichtsystems Erd-Klima hat weitere Auswirkungen auf andere Gleichgewichte wie die Meeresströmungen und das entsprechende Gleichgewicht. Die Folgen der Zerstörung dieser Gleichgewichte sind vermutlich katastrophale Konsequenzen für die Lebensbedingungen der Menschheit.

Das Fazit aus der Erörterung der verschiedenen Gleichgewichte lässt sich in zwei Sätzen zusammenfassen:

(1) Die Menschheit, also alle Menschen, sollten sich aus Eigennutz (Schutz vor Krankheiten durch Umweltschäden, weitere Sicherung des Lebens) davor hüten, das Gleichgewichtssystem Erde zu schädigen bzw. zu zerstören.

(2) Nur gemeinsames Verhalten und Handeln aller Menschen kann das Gleichgewichtssystem Erde erhalten, wenn das überhaupt angesichts der vom Menschen nicht zu verhindernden Naturkatastrophen (s.o.) möglich ist.

Da die beiden Sätze bisher nicht von allen Menschen verfolgt werden, bedarf es weiterer Aufklärung der Menschen auf der Basis einer unabhängigen und interessenfreien Forschung. Es müssen überzeugende Klimamodelle entwickelt werden, die natürliche und die von Menschen verursachten Klimaveränderungen berücksichtigen. Zudem muss eine intensive Zusammenarbeit von Naturwissenschaften und Wirtschaftswissenschaft realisiert werden, um eine bessere Basis für die Modelle zu schaffen. Die Klimamodelle auf der Basis der bekannten IPAT-Formel überzeugen nicht alle Ökonomen[97].

---

[97] Vgl. Witte, H.: Kritik der IPAT-Formel als Basis zur Verwirklichung der ökologischen Nachhaltigkeit, in: Witte, H. (Hg.): Sustainability Research 2021, Berlin 2022, S. 137 - 148

Anhang 4: Darstellungen der durch Mittelwerte möglichen Verzerrungen

Die Darstellung der durch das Arbeiten mit Mittelwerten möglichen Verzerrungen soll an einem Beispiel aus der staatlichen Wirtschaftspolitik im Bereich Finanzpolitik erfolgen. Zur Berechnung der neuen Grundsteuer B wird nicht der Wert eines Grundstücks herangezogen, sondern ein Mittelwert über alle Grundstückswerte in einer Gemeinde. Der Wert eines Grundstücks wird durch den errechneten Mittelwert dividiert. Dieser neue Wert wird als Faktor bezeichnet. Um die entstehenden Verzerrungen zu glätten, wird der Faktor mit 0,3 potenziert. Der neue Wert wird dann als Lagefaktor (LF) bezeichnet.

Zur Darstellung der entstehenden Verzerrungen wird als Beispiel ein Grundstück mit dem Wert 100 Euro/m^2 ausgewählt, das in einer Gemeinde mit 30 Grundstücken liegt. Die Werte der Grundstücke (mit je 1 m^2) liegen zwischen den Werten 10 bis 100 Euro/m^2.

Tab. 7: Verzerrungen der Grundstückswerte bei der Grundsteuer B durch die Anwendung von Mittelwerten

Verteilung der Grundstückswerte	$\sum$	DS	F	$F^{0,3}$ = LF
30 x 100	3000	100	1	1
15 x 10 + 15 x 100	1650	55	1,818	1,196
20 x 10 + 10 x 100	1200	33,33	3,0	1,390
25 x 10 + 5 x 100	750	25	4,0	1,515
29 x 10 + 1 x 100	390	13	7,692	1,844
20 x 10 + 9 x 50 + 1 x 100	750	25	4	1,515
10 x 10 + 15 x 50 + 5 x 100	1350	45	2,222	1,270
15 x 10 + 10 x 50 + 5 x 100	1150	38,33	2,608	1,333
15 x 10 + 5 x 50 + 10 x 100	1400	46,66	2,143	1,256
1 x 10 + 1 x 20 + 1 x 50 + 27 x 100	2780	92,66	1,079	1,023

Quelle: eigene Berechnungen

In Tab. 7 werden für diese 30 Grundstücke die Summe der Werte ($\sum$), der Mittelwert (Durchschnitt; DS), der Faktor (F) und der mit 0,3 potenzierte Faktor

($F^{0,3}$), der als Lagefaktor (LF) bezeichnet wird, für verschiedene Verteilungen der Grundstückswerte ausgewiesen.

Aus Tab. 7 erkennt man, dass der Mittelwert (Durchschnitt) über alle 30 Grundstücke in der Gemeinde zwischen 13 und 100 erheblich schwangt. Je nach der Streuung der Grundstückspreise ergibt sich ein anderer Mittelwert. Die Schwankungen des Mittelwertes sind umso größer, je ungleicher die Verteilung der Grundstückspreise in der Gemeinde ist. Es gilt, je mehr und je höher die Abweichungen vom Wert des Beispielgrundstücks sind, desto niedriger ist der Mittelwert. Der höchste Mittelwert (100) liegt vor, wenn alle 30 Grundstücke den gleichen Preis haben. Der Mittelwert ist am niedrigsten (13), wenn 29 Grundstücke den geringsten Preis von 10 haben und nur ein Grundstück den höchsten Preis (100) aufweist.

Die dargestellten Verzerrungen schlagen auf den Faktor und den Lagefaktor durch. Der Faktor für das als Beispiel ausgewählte Grundstück mit dem Wert 100 Euro/m^2 wird berechnet, indem dieser Wert durch den jeweils errechneten Mittelwert/Durchschnittswert dividiert wird. Aus Tab. 7 geht hervor, dass dieser Faktor am geringsten (1) ist, wenn alle Grundstücke in der Gemeinde den gleichen Preis (100 Euro/m^2) haben wie das Beispielgrundstück. Am höchsten ist der Faktor (7,692) im Fall der größtmöglichen Streuung der Grundstückspreise. Es zeigt sich, dass die Verzerrungen aufgrund der Mittelwertberechnung auf den Faktor durchschlagen.

Um diese Verzerrungen abzumildern (zu glätten), wurde vermutlich eine Potenzierung der Faktoren mit dem Wert 0,3 vorgenommen. Aber dieser Lagefaktor zeigt die Verzerrungen noch deutlich auf. Sie liegen noch zwischen 1,023 und 1,844, während sich die Verzerrungen beim Faktor im Wertebereich zwischen 1,079 und 7,692 befinden. Der höchste Faktor erfährt die stärkste Glättung. Der niedrigste Faktor wird am wenigsten geglättet. Es zeigt sich, dass die Potenzierung des Faktors mit dem Wert 0,3 die Verzerrungen nicht beheben bzw. glätten kann. Der Wert müsste keiner gewählt werden.

Da die Glättung mittels des Faktors die Verzerrungen nicht beheben kann, schlagen sie bei der Berechnung der Grundstücksäquivalenzbeträge und der Grundsteuermessbeträge und schließlich auf die Grundsteuer durch. Es ist zu prüfen, ob man eine so berechnete Grundsteuer als gerecht bezeichnen kann und ob nicht Grundsätze der Besteuerung verletzt werden. Ein Grundstück geht nicht mit seinem eigentlichen Wert in die Grundsteuer ein, sondern mit einem fiktiv berechneten Wert. Vermutlich wäre eine Berechnung der Einkommensteuer einer Person über den Mittelwert aller Personen in einer Gemeinde nicht von der Verfassung gedeckt.

Für die Darstellung in Tab. 8 sind die Grundwerte aus Tab. 7 übernommen worden. Es wurde lediglich der Potenzwert des Faktors auf 0,2 reduziert. Es zeigt sich, dass auch dieser Wert keinen Abbau der Verzerrungen herbeiführen kann bzw. keine Glättung bewirkt.

Tab. 8: Beispiel 1 für die Glättung der Verzerrungen durch die Anwendung von Mittelwerten

Verteilung der Grundstückswerte	$\sum$	DS	F	$F^{0,2}$ = LF
30 x 100	3000	100	1	1
15 x 10 + 15 x 100	1650	55	1,818	1,194
20 x 10 + 10 x 100	1200	33,33	3,0	1,245
25 x 10 + 5 x 100	750	25	4,0	1,319
29 x 10 + 1 x 100	390	13	7,692	1,503
20 x 10 + 9 x 50 + 1 x 100	750	25	4	1,319
10 x 10 + 15 x 50 + 5 x 100	1350	45	2,222	1,173
15 x 10 + 10 x 50 + 5 x 100	1150	38,33	2,608	1,211
15 x 10 + 5 x 50 + 10 x 100	1400	46,66	2,143	1,164
1 x 10 + 1 x 20 + 1 x 50 + 27 x 100	2780	92,66	1,079	1,015

Quelle: eigene Berechnungen

Die Abweichungen beim Lagefaktor liegen jetzt im Wertebereich zwischen 1,015 und 1,503. Die Abweichungen sind gegenüber denen in Tab. 7 zwar geringer, aber ein Abbau der Verzerrungen wird durch den geringeren Potenzwert nicht erreicht.

Für die in Tab. 9 ausgewiesenen Berechnungen wurden wiederum die Grundwerte aus Tab. 7 übernommen. Der Potenzwert wurde nochmals gesenkt. Er beträgt jetzt 0,1. Die Werte in Tab. 9 zeigen, dass die Verzerrungen auch jetzt nicht abgebaut werden konnten. Die Glättung ist zwar besser als die in den Tab. 7 und 8 dargestellte Glättung. Die Abweichungen des Lagefaktors liegen nunmehr im Wertebereich zwischen 1,007 und 1,226.

Beispielrechnungen für die weitere Senkung des Potenzwertes wurden nicht durchgeführt. Eine totale Glättung bzw. Behebung der durch die Berechnung von Mittel-/Durchschnittswerten entstandenen Verzerrungen (Ungerechtigkeiten) ist nur mit einem Potenzfaktor von null (0) zu erreichen, da die Potenzierung einer Zahl mit null (0) den Wert eins (1) ergibt. Dieser ist der Wert des Lagefaktors, der dem tatsächlichen Wert des Beispielgrundstücks entspricht. Er könnte also gleich zur Berechnung der Grundsteuer herangezogen werden, um der Gerechtigkeit Genüge zu tun.

Tab. 9: Beispiel 2 für die Glättung der Verzerrungen durch die Anwendung von Mittelwerten

Verteilung der Grundstückswerte	$\sum$	DS	F	$F^{0,1}$ = LF
30 x 100	3000	100	1	1
15 x 10 + 15 x 100	1650	55	1,818	1,061
20 x 10 + 10 x 100	1200	33,33	3,0	1,116
25 x 10 + 5 x 100	750	25	4,0	1,148
29 x 10 + 1 x 100	390	13	7,692	1,226
20 x 10 + 9 x 50 + 1 x 100	750	25	4	1,148
10 x 10 + 15 x 50 + 5 x 100	1350	45	2,222	1,083
15 x 10 + 10 x 50 + 5 x 100	1150	38,33	2,608	1,100
15 x 10 + 5 x 50 + 10 x 100	1400	46,66	2,143	1,079
1 x 10 + 1 x 20 + 1 x 50 + 27 x 100	2780	92,66	1,079	1,007

Quelle: eigene Berechnungen

In Tab. 10 werden schließlich die Werte für die Grundsteuer B dargestellt, die sich auf der Basis der in Tab. 7 ausgewiesenen Lagefaktoren für die unterschiedlichen Streuungen der Werte der 30 Grundstücke in einer Gemeinde ergeben. Als Hebesatz, den die Gemeinde anwendet, wird 300 Prozent unterstellt, so dass eine Multiplikation der Grundsteuermessbeträge mit 3 vorgenommen wurde.

Die Berechnung der Grundsteuer erfolgt gemäß der folgenden Formel: Bodenfläche (Fl. Bod.) mal Äquivalenzzahl (ÄZ) mal Lagefaktor (LF) = Äquivalenzbeitrag (ÄB) mal 100 = Grundsteuermessbetrag (GStMB) mal 3 (bei Hebesatz von 300 %) = Grundsteuer (GSt)

Die in Tab. 10 ausgewiesenen Werte, der für das Beispielgrundstück mit dem Wert von 100 Euro/m^2 zu bezahlende Grundsteuer, variieren von 12 bis 22,13 (22,128) Euro. Es zeigt sich, dass die zu bezahlende Grundsteuer von der Streuung der Grundstückspreise in der Gemeinde abhängt und deutliche Unterschiede aufweist. Am geringsten (12) ist die Grundsteuer, wenn alle Grundstücke in der Gemeinde den gleichen Wert haben (100 Euro/m^2). Die Grundsteuer für das

Beispielgrundstück ist am höchsten 22,13 (22,128) Euro, wenn die Streuung der Grundstückswerte am größten ist. Im Extremfall ist die Grundsteuer 54,22 Prozent höher als im Idealfall.

Tab. 10: Auswirkungen der Verzerrungen durch die Anwendung von Mittelwerten auf die Höhe der Grundsteuer B

Fl. Bod.	ÄZ	$F^{0,3}$ = LF	ÄB	ÄB•100	GStMB	Hebesatz	GSt
1	0,04	1	0,04	4	4	300	12
1	0,04	1,196	0,04784	4,784	4,784	300	14,352
1	0,04	1,390	0,0556	5,56	5,56	300	16,68
1	0,04	1,515	0,0606	6,06	6,06	300	18,18
1	0,04	1,844	0,07376	7,376	7,376	300	22,128
1	0,04	1,515	0,0606	6,06	6,06	300	18,18
1	0,04	1,270	0,0508	5,08	5,08	300	15,24
1	0,04	1,333	0,05332	5,332	5,332	300	15,996
1	0,04	1,256	0,05024	5,024	5,024	300	15,072
1	0,04	1,023	0,04092	4,092	4,092	300	12,276

Quelle: eigene Berechnungen

Ob bei dem möglichen Unterschied in der Höhe der Grundsteuer in Abhängigkeit von einer mehr oder weniger zufälligen und vom Grundstückseigentümer nicht beeinflussenden Streuung der Grundstückswerte in einer Gemeinde von (sozialer) Gerechtigkeit gesprochen werden kann, ist zu bezweifeln. Die (staatliche) Wirtschaftspolitik sollte solche Lösungen vermeiden und die Auswirkungen der Anwendung mathematischer Modelle bzw. Formeln für die Praxis streng überprüfen.

Anhang 5: Darstellung der Aussagekraft eines Vergleichs von Prozentwerten

Der Vergleich von Prozentwerten hat nur eine Aussagekraft, wenn die Prozentwerte auf den gleichen Basiswert bezogen sind. Prozentwerte, die von unterschiedlichen Basiswerten berechnet wurden, können nicht verglichen werden. Es wäre ein Vergleich ohne Aussagekraft. Die Aussagekraft eines Vergleichs von Prozentwerten wird anhand der in den Tab. 11 und 12 dargestellten Beispiele demonstriert. In der Tab. 11 werden Beispiele des Vergleichs von Prozentwerten ohne Aussagekraft ausgewiesen, während die in Tab. 12 dargestellten Beispiele Vergleiche mit Aussagekraft veranschaulichen.

Tab. 11: Beispiele des Vergleichs von Prozentwerten ohne Aussagekraft

Land	Bruttoinlandsprodukt Jahr 1 in Geldeinheiten	Bruttoinlandsprodukt Jahr 2 in Geldeinheiten	absolutes Wachstum in Geldeinheiten	relatives Wachstum
Land 1	100.000	110.000	10.000	0,1
Land 2	90.000	100.000	10.000	0,11111
Land 3	80.000	90.000	10.000	0,125
Land 4	70.000	80.000	10.000	0,14285
Land 5	60.000	70.000	10.000	0,16666
Land 6	50.000	60.000	10.000	0,2
Land 7	40.000	50.000	10.000	0,25
Land 8	30.000	40.000	10.000	0,33333
Land 9	20.000	30.000	10.000	0,5
Land 10	10.000	20.000	10.000	1

Quelle: eigene Berechnungen

In Tab. 11 werden zehn Länder mit unterschiedlich hohen Bruttoinlandsprodukten ausgewiesen. Die Werte werden für das Jahr 1 und das Jahr 2 dargestellt. Der Unterschied der Werte von Jahr 1 und Jahr 2 zeigt das Wachstum des Bruttoinlandsprodukts des jeweiligen Landes an. Das Wachstum kann als absoluter Wert in Geldeinheiten und als relativer Wert als Verhältniszahl dargestellt werden. Wenn die Verhältniswerte mit hundert (100) multipliziert werden, erhält man Prozentwerte (vgl. Fortsetzung Tab. 11).

Die Länder haben alle ein in absoluten Werten ausgedrücktes Wachstum von 10.000 Geldeinheiten. Die Prozentwerte sind hingegen unterschiedlich. Das Land mit dem höchsten Bruttoinlandsprodukt hat in Prozentwerten ausgedrückt das geringste Wachstum, während für das Land mit dem niedrigsten Bruttoinlandsprodukt der höchste in Prozent ausgedrückte Wachstumswert ausgewiesen wird. Beim Vergleich der absoluten Werte haben alle Länder ein gleich hohes Wachstum, während beim Vergleich von Prozentwerten deutliche Unterschiede im Wachstum bestehen.

Tab. 11 (Fortsetzung): Beispiele zur Aussagekraft des Vergleichs von Prozentwerten

Land	**relatives Wachstum**	**relatives Wachstum in %**
Land 1	0,1	10
Land 2	0,11111	11,11
Land 3	0,125	12,5
Land 4	0,14285	14,285
Land 5	0,16666	16,666
Land 6	0,2	20
Land 7	0,25	25
Land 8	0,33333	33,333
Land 9	0,5	50
Land 10	1	100

Quelle: eigene Berechnungen

In Tab. 12 werden zehn Länder mit gleich hohem Bruttoinlandsprodukt im Jahr 1 ausgewiesen. Im Jahr 2 weisen die Länder unterschiedlich hohe Werte für das Bruttoinlandsprodukt auf. Das in absoluten Werten ausgedrückte Wachstum (Wert Jahr 2 minus Wert Jahr 1) ist für die einzelnen Länder unterschiedlich. Auch das in relativen Werten ausgedrückte Wachstum (Wert Jahr 2 dividiert durch Wert Jahr 1) ist unterschiedlich hoch. Die höchsten Werte für das Wachstum in absoluten und in relativen Werten weist das Land mit dem höchsten Bruttoinlandsprodukt im zweiten Jahr auf. Entsprechend hat das Land mit dem niedrigsten Wert für das Bruttoinlandsprodukt im zweiten Jahr die niedrigsten Werte für das in absoluten und das in relativen Werten berechnete Wachstum.

In der Fortsetzung von Tab. 12 sind die Prozentwerte für das relative Wachstum ausgewiesen (relativer Wert mal hundert minus hundert). Den höchsten Prozentwert weist das Land mit dem höchsten absoluten Wachstum auf. Das Bruttoinlandsprodukt dieses Landes ist von Jahr 1 zu Jahr 2 um 100 Prozent gewachsen. Das Land mit dem niedrigsten absoluten Wachstum hat auch den niedrigsten Prozentwert. Das Wachstum dieses Landes beträgt 10 Prozent.

Da die Prozentwerte in Tab. 12 alle auf den gleichen Basiswert (100.000) bezogen sind, haben die Prozentwerte Aussagekraft und verdeutlichen die Unterschiede im Wachstum der Länder.

Tab. 12: Beispiele des Vergleichs von Prozentwerten mit Aussagekraft

Land	Bruttoinlandsprodukt Jahr 1 in Geldeinheiten	Bruttoinlandsprodukt Jahr 2 in Geldeinheiten	absolutes Wachstum in Geldeinheiten	relatives Wachstum
Land 1	100.000	200.000	100.000	2,0
Land 2	100.000	190.000	90.000	1,9
Land 3	100.000	180.000	80.000	1,8
Land 4	100.000	170.000	70.000	1,7
Land 5	100.000	160.000	60.000	1,6
Land 6	100.000	150.000	50.000	1,5
Land 7	100.000	140.000	40.000	1,4
Land 8	100.000	130.000	30.000	1,3
Land 9	100.000	120.000	20.000	1,2
Land 10	100.000	110.000	10.000	1,1

Quelle: eigene Berechnungen

Die in Tab. 12 (Fortsetzung) ausgewiesenen Werte haben für die Praxis allerdings nur eine begrenzte Aussagekraft. Einerseits dürfte der Fall, dass alle bzw. mehrere Länder im ersten Jahr gleich hohe Werte für das Bruttoinlandsprodukt bzw. anderer Vergleichsgrößen/-indikatoren haben, sehr selten oder gar nicht vorkommen. Zudem wäre für einen sinnvollen und aussagekräftigen Vergleich der in Prozent ausgedrückten Wachstumswerte noch zu prüfen, ob auch gleiches Wachstumspotenzial der Länder vorliegt. Wenn das nicht der Fall ist, ist ein gleicher Prozentwert für das Wachstum eines Landes mit geringerem Wachstumspotenzial höher einzuschätzen als der Prozentwert für ein Land mit höherem Wachstumspotenzial. Das Land mit dem niedrigeren Wachstumspotenzial hat bei gleich hohen Prozentwerten für das Wachstum mehr geleistet bzw. musste größere Anstrengungen erbringen.

Tab. 12 (Fortsetzung): Beispiele des Vergleichs von Prozentwerten mit Aussagekraft

Land	**relatives Wachstum**	**relatives Wachstum in %**
Land 1	2,0	100
Land 2	1,9	90
Land 3	1,8	80
Land 4	1,7	70
Land 5	1,6	60
Land 6	1,5	50
Land 7	1,4	40
Land 8	1,3	30
Land 9	1,2	20
Land 10	1,1	10

Quelle: eigene Berechnungen

Literaturverzeichnis

Alderfer, C.P.: An Empirical Test of a New Theory of Human Needs, in: Organizational Behaviour and Human Performance, Vol. 4 (1969), S. 142 - 175

Arnold, G.: Der Kriegsschatz im Juliusturm, in: Die Friedens-Warte, Vol. 13 (1911), S. 141 - 142

Arrow, K.J.: A Difficulty in the Concept of Social Welfare, in: Journal of Political Economy, Vol. 58 (1950), S. 328 - 346

Becher, J.J.: Politischer Discurs, 2. Aufl., Franckfurt 1673

Bofinger, P.: Grundzüge der Volkswirtschaftslehre: Eine Einführung in die Wissenschaft von Märkten, 5. Aufl., München 2020

Blankart, Ch.B.: Popitz Law, Bryce´s Law and Government Centralization in Prussia and in Germany, in: Journal of Public Finance and Public Choice, Vol. 19 (2001), S. 71 - 81

Brecht, A.: Internationaler Vergleich öffentlicher Ausgaben, Leipzig, Berlin 1932

Bundesministerium für Umwelt, Naturschutz und Reaktorsicherheit (Hrsg.): Umweltpolitik. Konferenz der Vereinten Nationen für Umwelt und Entwicklung im Juni 1992 in Rio de Janeiro - Dokumente -, Agenda 21, Bonn o.J.

Cardia, E.: Crowding Out in Open Economies: Results from a Simulation Study, in: The Candian Journal of Economics, Vol. 25 (1992), S. 708 – 728

Culbertson, J.M.: Friedman on the Lag in Effect of Money Policy, in: Journal of Political Economy, Vol. 68 (1960), S. 617 – 621

Dahl, R.A./Lindblom, C.E.: Sieben Grundziele der Gesellschaftsordnung, in: Gäfgen, G. (hrsg. v.): Grundlagen der Wirtschaftspolitik, 3. Aufl., Köln, Berlin 1970, S. 211 – 236

Erhard, L.: Wohlstand für Alle, 8. Aufl., Bonn 1964 (Düsseldorf 1957[1])

Eucken, W.: Grundsätze der Wirtschaftspolitik, 2. Aufl., Tübingen, Zürich 1959

Ezekiel, M.: The cobweb theorem, in: The Quarterly Journal of Economics, Vol. 52 (1937/38), S. 255 – 280

Fisher, I.: Why Has the Doctrine of Laissez Faire Been Abandoned, in: Science, N.S. Vol. 25 (1907), S. 18 – 27

Frankel, J.A.: Portfolio Crowding-Out, Empirically Estimated, in: The Quarterly Journal of Economics, Vol. 100 (1985), S. 1041 - 1065

Fratzscher, M.: Verteilungskampf: Warum Deutschland immer ungleicher wird, München 2016

Friedman, B.M.: Crowding Out or Crowding In? Economic Consequences of Financing Government Defficts, in: Brookings Papers on Economic Activity, Vol. 1978 (1978), S. 593 – 641

Friedman, M.: The Lag in Effect of Money Policy, in: Journal of Political Economy, Vol. 69 (1961), S. 447 - 466

Friedmann, R.: Der Goldschatz im Juliusturm, in: Die Friedens-Warte, Vol. 19 (1917), S. 145 - 146

Gäfgen, G. (hrsg. v.): Grundlagen der Wirtschaftspolitik, 4. Aufl., Köln 1972

Gesetz zur Förderung der Stabilität und des Wachstums der Wirtschaft (www.gesetze-im-internet.de/stabg/_1.html; abgerufen am 24.01.2023)

Gesetz zur Förderung der Stabilität und des Wachstums der Wirtschaft (StabG) vom 8. Juni 1967 (BGBl. I S. 582)

Giersch, H.: Allgemeine Wirtschaftspolitik – Grundlagen, Bd. 1, Wiesbaden 1961; Bd. 2, Wiesbaden 1977

Hanau, A.: Die Prognose der Schweinepreise, in: Vierteljahreshefte zur Konjunkturforschung, Sonderheft 7, 2. Aufl., Berlin 1928

Hauff, V. (Hrsg.): Unsere gemeinsame Zukunft. Der Brundtland-Bericht, Greven 1987

Head, J.G.: Über meritorische Güter, in: Recktenwald, H.C. (hrsg. v.): Finanztheorie, 2. Aufl. Köln, Berlin 1970, S. 46 – 74

Jarchow, H.-J.: Der Hopfenzyklus in der Bundesrepublik (1950 – 1970) und das Spinngewebe-Theorem, in: Hesse, H. (Hrsg.): Arbeitsbuch angewandte Mikroökonomie, Tübingen 1980, S. 81 - 89

Jöhr, W.A.: Theoretische Grundlagen der Wirtschaftspolitik, St. Gallen 1943

Kaehler, J.: Agglomeration und Staatsausgaben – Brechtsches und Wagnersches Gesetz im Vergleich, in: Finanzarchiv, N.F., Bd. 40 (1982), S. 445 - 474

Keynes, J.M.: Allgemeine Theorie der Beschäftigung, des Zinses und des Geldes, München, Leipzig 1936

Keynes, J.M.: The end of laissez faire (1926), (www.panarchy.org/keynes/laissezfaire.1926.html; abgerufen am 24.01.2023)

Kirsch, G./Wittmann, W. (hrsg. v.): Nationale Ziele und Soziale Indikatoren, Stuttgart 1975

Kirschen, E.S. u.a.: Instrumente der praktischen Wirtschaftspolitik und ihre Träger, in: Gäfgen, G. (hrsg. v.): Grundlagen der Wirtschaftspolitik, 3. Aufl., Köln, Berlin 1970, S. 274 – 306

Kirschen, E.S. u.a.: Ziele der praktischen Wirtschaftspolitik, in: Gäfgen, G. (hrsg. v.): Grundlagen der Wirtschaftspolitik, 3. Aufl., Köln, Berlin 1970, S. 237 – 259

Knight, F.: Risk, Uncertainty and Profit, New York 1921

Knolmayer, G./Mertens, P./Zeier, A.: Supply Chain Management auf der Basis von SAP-Systemen, Berlin u.a. 2000

Korner, E./William, P.: Der „Juliusturm" im Lichte der Einkommensgleichung, in: Schmoller Jahrbuch für Gesetzgebung, Verwaltung und Volkswirtschaft, Bd. 78 (1958), Heft 1, S. 1 - 49

Krelle, W.: Verteilungstheorie, Wiesbaden 1962

Lindblom, C.E.: Still Muddling. Not Yet Through, in: Public Administration Review, Vol. 39 (1979), S. 517 – 526

Lindblom, C.E.: The Science of "Muddling Through", in: Public Administration Review, Vol. 19 (1959), S. 79 – 88

Mackenscheidt, K.: Ein Vergleich wirtschaftspolitischer Zielkataloge, in: Kirsch, G./Wittmann, W. (hrsg. v.): Nationale Ziele und Soziale Indikatoren, Stuttgart 1975, S. 81 – 91

Maslow, A.H.: Motivation and Personality, New York 1954, reprint New York 1970

Maslow, A.H.: Motivation und Persönlichkeit, 13. Aufl., Reinbek 2014

McNulty, P.J.: A Note on the History of Perfect Competition, in: Journal of Political Economy, Vol. 75 (1967), 395 – 399

Meinhold, W.: Volkswirtschaftspolitik, Teil 1, 2. Aufl., München 1970

Merton, R.K.: The Self-Fulfilling Prophecy, in: Merton, R.K.: Social Theory and Social Structure, 2nd Printing, Glencoe, Ill. 1951, S. 179 - 195

Morgenstern, O.: Der theoretische Unterbau der Wirtschaftspolitik, Köln, Opladen 1957

Morgenstern, O.: Grenzen der Wirtschaftspolitik, Wien 1934

Müller-Armack, A.: Das Grundproblem unserer Wirtschaftspolitik: Rückkehr zur Marktwirtschaft, in: Finanzarchiv, Bd. 11 (1949), S. 57 - 78

Müller-Armack, A.: Genealogie der sozialen Marktwirtschaft: Frühschriften und weiterführende Konzepte, 2. Aufl., Bern 1981

Müller-Armack, A.: Soziale Irenik, in: Weltwirtschaftliches Archiv, Bd. 64 (1950), S. 181 - 203

Müller-Armack, A.: Soziale Marktwirtschaft, in: Der Wirtschaftsspiegel, Bd. 2 (1947), S. 480 – 484 (auch in: Handbücher der Sozialwissenschaften, 9. Bd., Stuttgart u.a. 1956, S. 390 - 392)

Müller-Armack, A.: The Social Market Economy as an Economic and Social Order, in: Review of Social Economy, Vol. 36 (1978), S. 325 - 331

Mundell, R.A.: International Economics, New York, London 1968

Newton, I.: Philosopiae naturalis principia mathematica, London 1726 (https://cudl.lib.cam.ac.uk/view/PR-ADV-B-00039-00001/50; abgerufen am 24.01.2023)

Ohm, H.: Allgemeine Volkswirtschaftspolitik, Bd. 1, 3.Aufl., Berlin 1969; Bd. 2, 2. Aufl., Berlin 1969

Pareto, V.: Cours d´économie politique, Bd. I, Lausanne 1896, Bd. II, Lausanne 1897

Peacock, A.T.: The Public Sector and the Theory of Growth, in: Scottish Journal of Political Economy, Vol. 6 (1959), S. 1 – 12

Placone, D./Ulbrich, H./Wallace, M.: The Crowding Out Debate: It´s Over When It´s Over and It Isn´t Over Yet, in: Journal of Post Keynesian Economics, Vol. 8 (1985), S. 91 - 96

Popitz, J.: Der Finanzausgleich, in: Handbuch der Finanzwissenschaft, 2. Bd., Tübingen 1927, S. 338 – 375

Pütz, Th.: Grundlagen der theoretischen Wirtschaftspolitik, 2. Aufl., Stuttgart 1974

Pütz, Th.: Theorie der Allgemeinen Wirtschaftspolitik und Wirtschaftslenkung, Wien 1948

Reagan, R.: A Program for Economic Recovery, in: Economic Impact, No. 35 (1981), Heft 3, S. 8 – 13

Recktenwald, H.C.: Umfang und Struktur der öffentlichen Ausgaben in säkularer Entwicklung, in: Handbuch der Finanzwissenschaft, Bd. 1, 3. Aufl., Tübingen 1977, S. 713 – 752

Robinson, J.: The Economics of Imperfect Competition, 2nd Ed. (Reprint), London, Basingstoke 1976 (1st Ed., London 1933)

Sachverständigenrat zur Begutachtung der gesamtwirtschaftlichen Entwicklung (SVR): Zeit zum Investieren, Jahresgutachten 1976/77, Stuttgart, Mainz 1976

Sachverständigenrat zur Begutachtung der gesamtwirtschaftlichen Entwicklung (SVR): Mehr Wachstum für mehr Beschäftigung, Jahresgutachten 1977/78, Stuttgart, Mainz 1977

Sachverständigenrat zur Begutachtung der gesamtwirtschaftlichen Entwicklung (SVR): Investieren für mehr Beschäftigung, Jahresgutachten 1981/82, Stuttgart, Mainz 1981

Say, J.-B.: Traité D´Économie Politique, ou Simple Exposition de la Maniere dont se forment, se distribuent, et se consomment les Richesses, Tome I, Paris 1803

Schelle, G.: Vincent de Gournay. Laissez faire, laissez passer, Paris 1897

Scherf, W.: Das „Gesetz“ der wachsenden Staatsausgaben, in: WISU- Wirtschaftsstudium, 11. Jg. (2010), S. 1514 - 1523

Schiller, K.: Neuere Entwicklungen in der Theorie der Wirtschaftspolitik, Tübingen 1958

Seraphim, H.-J.: Theorie der Allgemeinen Volkswirtschaftspolitik, 2. Aufl. Göttingen 1963

Smith, A.: The Wealth of Nations, New York 2000 (Orig. 1776)

Stigler, G.J.: Perfect Competition, Historically Contemplated, in: Journal of Political Economy, Vol. 65 (1957), S. 1 – 17

Timm, H.: Das Gesetz der wachsenden Staatsausgaben, in: Finanzarchiv, Bd. 21 (1961), S. 201 - 247

Thomas, W.J.: The Relation of Research to the Social Process, in: Thomas, W.J.: On Social Organisation and Social Personality, Selected Papers, Chicago, London 1966, S. 289 – 305 (Nachdruck aus: Swann, W.F.G. et al.: Essays on Research in the Social Sciences, Washington, D.C. 1931, S. 173 – 194)

Tinbergen, J.: Ein Schiffbauzyklus? In: Weltwirtschaftliches Archiv, 34. Bd. (1931), S. 152 – 164

Tinbergen, J.: On the Theory of Economic Policy, 2. Aufl., Amsterdam 1963

Tinbergen, J. Wirtschaftspolitik, 2. Aufl, Freiburg im Breisgau 1972 (1968[1])

Tuchtfeldt, E.: Bausteine zur Theorie der Wirtschaftspolitik, 2. Aufl., Bern und Stuttgart 1987

Tuchtfeldt, E.: Das Instrumentarium der Wirtschaftspolitik, in: Gäfgen, G. (hrsg. v.): Grundlagen der Wirtschaftspolitik, 3. Aufl., Köln, Berlin 1970, S. 260 – 273

Tuchtfeldt, E.: Über unerwünschte Nebenwirkungen wirtschaftspolitischer Maßnahmen, in: Kyklos, Vol. 23 (1970), S. 720 - 735

Tuchtfeldt, E.: Widerstände gegen wirtschaftspolitische Maßnahmen, in: Jahrbücher für Nationalökonomie und Statistik, Bd. 184 (1970), S. 366 - 380

Tuchtfeldt, E.: Zielprobleme in der modernen Wirtschaftspolitik, Tübingen 1971

Voigt, F.: Verkehr, 2. Bd., Berlin 1965

Voigt, F.: Theorie der Wirtschaftspolitik, 1. Bd., Berlin 1979

Wagner, A.: Lehr- und Handbuch der politischen Ökonomie, 1. Hauptabteilung: Grundlegung der politischen Ökonomie, 3. Aufl., 1. Teil: Grundlagen der Volkswirtschaftslehre, 2. Halbband, Leipzig 1893, S. 892 – 908 (https://archive.org/details/grundlegungderp00wagnoog/page/n476/mode/2up; abgerufen am 20.04.2023)

Watrin, C.: Zur Diskussion um das Problem der Marktkonformität, in: Zeitschrift für Wirtschaftspolitik, Vol. 6 (1957), Heft 1, S. 47 – 61

Weber, W.: Aktuelle der österreichischen Finanzpolitik, in: Zeitschrift für Nationalökonomie, Bd. 20 (1960), S. 96 – 173

Weddingen, W.: Grundzüge der Allgemeinen Volkwirtschaftspolitik, Wiesbaden 1966

Wicksell, K.: Geldzins und Güterpreis, München 2006 (Org. Jena 1898)

Wildemann, H.: Das Just-in-Time Konzept. Produktion und Zulieferung auf Abruf, 3. Aufl., St. Gallen 1992 (1987[1])

Witte, H.: Aspekte einer dynamischen Nutzwertanalyse unter Fehlerbetrachtung, in: Zeitschrift für die gesamte Staatswissenschaft, Bd. 134 (1978), S. 490 – 502

Witte, H.: Das Lingener Gleichgewichtsmodell, Berlin 2019

Witte, H.: Das Prinzip der Mehrfachsteuerung, in: Wirtschaftswissenschaftliches Studium – WiSt – 18. Jg. (1989), Heft 8, S. 407

Witte, H.: Die Bedeutung des Sayschen Theorems für die Nationalökonomie, in: Jahrbuch für Sozialwissenschaft, Bd. 40 (1989), S. 323 - 331

Witte, H.: Die nachhaltige Marktwirtschaft. Wohlstand ohne *self-made* Krisen? Berlin 2013

Witte, H.: Die Sicherheit als Bewertungskomponente von Verkehrssystemen, in: Zeitschrift für Verkehrssicherheit, 25. Jg. (1979), S. 6 - 11

Witte, H.: Die Szczecin-Gleichung, in: Witte, H.: The Szczecin School of "simple" Economics, Szczecin 2010, S. 35 - 44

Witte, H.: Die wirtschaftspolitische Relevanz des Thomasschen Theorems, in: Wirtschaftswissenschaftliches Studium – WiSt – 11. Jg. (1982), Heft 7, S. 331 – 332

Witte, H.: Ein alternativer Ansatz zur Verrechnung der Gemeinkosten – Voraussetzung nachhaltiger Unternehmensgleichgewichte, in: Ryba, M. (Hg.): Sustainability Research 2020, Zürich 2021, S. 105 – 122

Witte, H.: Gewichtungsmöglichkeiten bei alternativen Entscheidungsregeln in Bewertungsansätzen öffentlicher Investitionen, in: Zeitschrift für Verkehrswissenschaft, 52. Jg. (1981), S. 117 - 126

Witte, H.: Kritik der IPAT-Formel als Basis zur Verwirklichung der ökologischen Nachhaltigkeit, in: Witte, H. (Hg.): Sustainability Research 2021, Berlin 2022, S. 137 - 148

Witte, H.: Nachhaltige Sozialpolitik, in: Witte, H. (Ed.): Sustainability Research 2019, Berlin 2020, S. 31 - 44

Witte, H.: Theorie einer nachhaltigen Weltwirtschaft, Berlin 2022

Witte, H.: Was ist Nachhaltigkeit? In: Ryba, M. (Hg): SeniorenCampus I, Berlin 2018, S. 31 – 54

Witte, H.: Wirtschaftspolitische Ziel-Instrument-Sätze, in: Wirtschaftswissenschaftliches Studium – WiSt – 10. Jg. (1981), Heft 8, S. 389 – 390

Sachwortverzeichnis

Hermann Witte
Theorie einer nachhaltigen Weltwirtschaft
Ansatz für eine effektive und effiziente Globalisierung
Das aktuelle Weltwirtschaftssystem konnte bisher keine Nachhaltigkeit und keine zufriedenstellende Globalisierung herbeiführen. Um die seit langem von den Vereinten Nationen und mittlerweile auch anderen Institutionen vertretene Nachhaltigkeit durchzusetzen, bedarf es einer wesentlichen Veränderung des aktuellen Weltwirtschaftssystems. Basis dieser Veränderungen ist eine Theorie für eine nachhaltige Weltwirtschaft. Ein Ansatz für diese Theorie wird im vorliegenden Band vorgelegt. Da eine nachhaltige Weltwirtschaftstheorie auf Kooperation statt auf Wettbewerb aufbaut, liefert sie nicht nur eine Basis für die Durchsetzung der Nachhaltigkeit, sondern auch für eine effektive und effiziente Globalisierung sowie den Weltfrieden.
Bd. 23, 2022, 110 S., 29,90 €, br., ISBN 978-3-643-15276-3

Hermann Witte (Hrsg.)
Sustainability Research 2021
Die Nachhaltigkeit ist ein aktueller Aspekt in der politischen und wissenschaftlichen Diskussion. In diesem Band werden ausgewählte Themen der Nachhaltigkeitsforschung vorgestellt, um sie einem breiten Publikum bekannt zu machen und damit aus dem „Elfenbeinturm der Wissenschaft" zu „befreien". Die Themen stammen bewusst aus unterschiedlichen Bereichen der Nachhaltigkeitsforschung, um einen Überblick über das weite Feld der Forschungsaktivitäten zu geben. Ausgangspunkt sind die Nachhaltigkeitsindikatoren der bundesdeutschen Nachhaltigkeitsstrategie. Nach der EU Taxonomie und dem ökologischen Fußabdruck werden schließlich betriebswirtschaftliche Aspekte der Nachhaltigkeitsforschung behandelt.
Bd. 22, 2022, 152 S., 34,90 €, br., ISBN 978-3-643-15169-8

Stefan Schomaker
Gestaltung der Verkehrsinfrastruktur unter Berücksichtigung von Nachhaltigkeitskriterien in ausgewählten deutschen Regionen
Die UN-Mitgliedsstaaten beschlossen im Jahr 2015 mit der Agenda 2030 insgesamt 17 Ziele für eine nachhaltige Entwicklung. Dem Verkehr sowie der Verkehrsinfrastruktur wird hierbei eine besondere Bedeutung beigemessen. Anhand ökologischer und sozioökonomischer Indikatoren wird die Verkehrsinfrastruktur in Bezug auf die nachhaltige Entwicklung von drei ausgewählten Region in Deutschland analysiert. Unter Beachtung der Ergebnisse sind Maßnahmen dargelegt, mit denen die Verkehrsinfrastruktur einen Beitrag zur nachhaltigen Entwicklung einer Region leisten kann.
Bd. 21, 2022, 336 S., 49,90 €, br., ISBN 978-3-643-15135-3

LIT Verlag Berlin – Münster – Wien – Zürich – London
Auslieferung Deutschland / Österreich / Schweiz: siehe Impressumsseite

Hermann Witte
Die einfache Ökonomie
Die neue Schule der Ökonomie
Die Ökonomie ist eine Wissenschaft mit sehr vielen Schulen, die unterschiedliche Lehrmeinungen vertreten. Die vielen Schulen und Lehrmeinungen sind nicht förderlich für die erfolgreiche Beratung der Politik durch die Ökonomie. Die Ökonomie kann vor allem keine optimale Beratung leisten, wenn sie sehr stark von einer anspruchsvollen Mathematik geprägt ist. Die Ratsuchenden verstehen die Ratschläge nicht und akzeptieren sie daher nicht. Es kommt folglich auch nicht zur Umsetzung der Ratschläge. Aus diesem Grund wird hier ein neuer, einfacher Ansatz der Ökonomie vorgestellt, für dessen Verständnis nicht mehr mathematische Kenntnisse erforderlich sind, als für das Arbeiten mit dem betrieblichen Rechnungswesen.
Bd. 20, 2021, 202 S., 39,90 €, br., ISBN 978-3-643-15067-7

Hermann Witte
The Lingen Equilibrium Model
Equilibria protect against crisis. All disciplines of sciences have the objective to create equilibria. But economics are not successful in this point. Here a simple equilibrium model based on a wage-price-rule is demonstrated. Economics are able to create economic equilibria by using this rule. But in economic systems there are a lot of rules, especially in accounting, which make economic equilibria impossible. These rules must be changed. If it is possible to create economic equilibria, the side-effect is the realization of economic sustainability.
vol. 19, 2021, 358 pp., 49,90 €, pb., ISBN-CH 978-3-643-91472-9

Michael Ryba (Hrsg.)
Sustainability Research 2020
Die Vereinten Nationen propagieren seit der Veröffentlichung des Brundtland-Berichts im Jahr 1987 die Verwirklichung eines weltweiten nachhaltigen Entwicklungsprozesses. Zur Durchsetzung der drei Komponenten der Nachhaltigkeit, der sozialen, der ökologischen und der ökonomischen Nachhaltigkeit, hat sich eine intensive Forschungsaktivität entwickelt. Eine kleine Auswahl der Forschungserkenntnisse, die im Einflussbereich der Herausgeber der Schriftenreihe „Lingener Studien zu Management und Technik“ im Jahr 2020 entstand, wird im vorliegenden Sammelband präsentiert. Die Forschungsergebnisse, deren Diskussion oft nur im Kreise der Wissenschaft erfolgt, wird somit der interessierten Öffentlichkeit zugängig gemacht.
Bd. 18, 2021, 124 S., 34,90 €, br., ISBN-CH 978-3-643-91368-5

Hermann Witte
Logistik-Marketing: Qualitätsmanagement
Mit dem vorliegenden Band soll die Veränderung der Bedeutung der Qualität im ökonomischen Gedankengebäude aufgezeigt werden. Qualität ist ein Begriff, der durch die Diskussionen um das „Total Quality Management" große Bedeutung in der Ökonomie erhalten hat. Dadurch kommt die Darstellung der Ansätze der Autoren zu kurz, die sich schon viele Jahre vorher mit der Qualität auseinandergesetzt haben. In diesem Band wird beiden Ansätzen der Qualitätsforschung, den älteren und den neueren, ein entsprechender Raum gewidmet. Dabei steht die Bedeutung des Qualitätsmanagements in der Logistik im Vordergrund. Die Annäherung an das Fließprinzip in der Logistikkette kann nur gelingen, wenn Materialien mit der geforderten Qualität ohne Fehler in der Logistikkette fließen.
Bd. 17, 2020, 384 S., 49,90 €, br., ISBN 978-3-643-14805-6

Hermann Witte
Fridays Lectures for Future
Die Bewegung „Fridays for Future" hat der Umwelt- und der Nachhaltigkeitsdiskussion neuen Schwung gegeben. Schüler demonstrieren für mehr Umweltschutz. Im Mittelpunkt steht die CO2-Reduzierung als Gegenmaßnahme zum weltweit erkennbaren Klimawandel und seinen Folgen. Zur Unterstützung der Diskussionen um verstärkten Umwelt- und Klimaschutz sowie mehr Nachhaltigkeit werden in diesem Band „Fridays Lectures for Future" fünfzehn Lektionen zum Themenbereich Umwelt und Nachhaltigkeit vorgestellt. Es handelt sich um eine Auswahl von Themen, die selbstverständlich nicht das ganze, sehr umfangreiche Problemfeld widerspiegeln können. Es bleibt die Hoffnung, dass die ausgewählten Themenbereiche für den interessierten Leser Ansporn zu einem intensiven Selbststudium sind, um sich weitere Themen zu erschließen.
Bd. 16, 2020, 188 S., 34,90 €, br., ISBN 978-3-643-14578-9

Hermann Witte (Hrsg.)
Sustainability Research 2019
Seitdem die Vereinten Nationen die Verwirklichung eines weltweiten nachhaltigen Entwicklungsprozesses propagiert haben, hat sich eine umfangreiche Nachhaltigkeitsforschung (Sustainability Research) herausgebildet. Es wird untersucht, wie die drei Komponenten der Nachhaltigkeit, die soziale, die ökologische und die ökonomische Nachhaltigkeit, umgesetzt werden können. Aus der Vielzahl der Forschungsbeiträge zum Thema Nachhaltigkeit wird im vorliegenden Band eine Auswahl präsentiert, die im Einflussbereich der Herausgeber der Schriftenreihe „Lingener Studien zu Management und Technik" bis zum Jahr 2019 entstand.
Bd. 15, 2020, 112 S., 34,90 €, br., ISBN-CH 978-3-643-91259-6

Dirk Sauer (Hrsg.)
Fünfte Lange Nacht der Prozessverbesserung und Organisationsentwicklung
Bd. 14, 2019, 238 S., 29,90 €, br., ISBN 978-3-643-14523-9

Hannes kleine Sextro; Dirk Sauer; Till Albert
New Work – wie die Digitalisierung die Arbeitswelt verändert
Potenzial- und Risikoanalyse für produzierende Unternehmen
Bd. 13, 2019, 164 S., 29,90 €, br., ISBN 978-3-643-14522-2

LIT Verlag Berlin – Münster – Wien – Zürich – London

Auslieferung Deutschland / Österreich / Schweiz: siehe Impressumsseite

Hermann Witte
Das Lingener Gleichgewichtsmodell
Bd. 12, 2019, 378 S., 49,90 €, br., ISBN 978-3-643-14413-3

Jürgen Adamek; Volker Piwek
Additive Fertigung – 3D-Druck
Stand der Technik, Anwendungsempfehlungen und aktuelle Entwicklungen
Bd. 11, 2019, 118 S., 29,90 €, br., ISBN 978-3-643-14313-6

Dirk Sauer (Hrsg.)
Vierte Lange Nacht der Prozessverbesserung und Organisationsentwicklung
Bd. 10, 2018, 218 S., 34,90 €, br., ISBN 978-3-643-14224-5

Michael Ryba (Hrsg.)
SeniorenCampus I
Bd. 9, 2018, 152 S., 34,90 €, br., ISBN 978-3-643-13982-5

Dirk Sauer (Hrsg.)
Dritte Lange Nacht der Prozessverbesserung und Organisationsentwicklung
Bd. 8, 2017, 224 S., 34,90 €, br., ISBN 978-3-643-13905-4

Dirk Sauer (Hrsg.)
Zweite Lange Nacht der Prozessverbesserung und Organisationsentwicklung
Bd. 7, 2016, 210 S., 34,90 €, br., ISBN 978-3-643-13600-8

Hermann Witte
Is the Euro Secure?
Approach to a New Monetary Theory
vol. 6, 2016, 168 pp., 34,90 €, pb., ISBN-CH 978-3-643-90833-9

Hermann Witte
Ist der Euro sicher?
Ansatz einer neuen Geld- und Währungstheorie
Bd. 5, 2015, 178 S., 34,90 €, br., ISBN 978-3-643-13280-2

Dirk Sauer (Hrsg..)
Erste Lange Nacht der Prozessverbesserung und Organisationsentwicklung
Bd. 4, 2015, 248 S., 34,90 €, br., ISBN 978-3-643-13247-5

Hermann Witte
Sustainable Market Economy
Welfare without self-made crises?
vol. 3, 2015, 178 pp., 34,90 €, pb., ISBN-CH 978-3-643-90656-4

Reinhard Rauscher
Ein neuer Ansatz zur Ermittlung von Hamiltonkreisen in verallgemeinerten Petersenschen Graphen P (n, k)
Bd. 2, 2014, 304 S., 39,90 €, br., ISBN 978-3-643-12789-1

Hermann Witte
Die nachhaltige Marktwirtschaft
Wohlstand ohne „self-made" Krisen?
Bd. 1, 2013, 192 S., 34,90 €, br., ISBN 978-3-643-12375-6

LIT Verlag Berlin – Münster – Wien – Zürich – London
Auslieferung Deutschland / Österreich / Schweiz: siehe Impressumsseite